# Maria Patouliou

# Last Mile Logistik

## Innovative Zustellkonzepte
## und ihre Bewertung aus Kundensicht

AF153998

**Bibliografische Information der Deutschen Nationalbibliothek:**

Die Deutsche Nationalbibliothek verzeichnet diese Publikation in der Deutschen Nationalbibliografie; detaillierte bibliografische Daten sind im Internet über http://dnb.d-nb.de abrufbar.

**Impressum:**

Copyright © Studylab 2020

Ein Imprint der GRIN Publishing GmbH, München

Druck und Bindung: Books on Demand GmbH, Norderstedt, Germany

Coverbild: GRIN Publishing GmbH | Freepik.com | Flaticon.com | ei8htz

# Inhaltsverzeichnis

# Abbildungsverzeichnis

# Abkürzungsverzeichnis

| | |
|---|---|
| bzw. | beziehungsweise |
| B2C | Business to Customer |
| BIEK | Bundesverband Paket und Express Logistik |
| EU | Europäische Union |
| FMCG | Fast Moving Consumer Goods |
| KEP | Kurier-, Express- und Paketdienste |
| GPS | Global Positioning System |
| LOHAS | Lifestyle of Health and Sustainability |
| ÖPNV | Öffentlicher Personennahverkehr |
| Pwc | PricewaterhouseCoopers |
| QR | Quick Response |
| RFID | Radio Frequency Identification |
| sog. | sogenannt |
| u.a. | unter anderem |
| VW | Volkswagen |
| VuMa | Verbrauchs- und Medienanalyse Touchpoints |
| Vgl. | vergleiche |
| z.B. | zum Beispiel |

# 1 Einleitung

In diesem Kapitel wird die Ausgangslage sowie Problemstellung der vorliegenden Arbeit widergegeben. Außerdem werden die Zielsetzung und der Aufbau erörtert.

## 1.1 Ausgangslage und Problemstellung

Der wirtschaftliche und gesellschaftliche Wandel ein großer Treiber für Veränderungen in der Handelslogistik. Megatrends wie Digitalisierung, Urbanisierung, Nachhaltigkeit und Individualisierung haben in Zukunft einen großen Einfluss auf die Ausgestaltung logistischer Prozesse. In diesem verknüpften Entwicklungsraum muss sich die Logistik der letzten Meile positionieren. (vgl. Witten; Schmidt, 2019, S. 303) Sie stellt das letzte Wegstück beim Transport von Sendungen zum Endkunden dar (vgl. Heinemann, 2019a, S. 121). Die Kurier-, Express- und Paketbranche (KEP) muss heute im Vergleich zum Jahr 2000 fast die doppelte Menge an Sendungen bewältigen. Allein 2017 betrug deutschlandweit das Sendungsaufkommen im Business-to-Customer Segment knapp 1,6 Mrd. Pakete. Bis 2022 soll das Sendungsvolumen sogar auf 4,3 Mrd. Sendungen steigen. (vgl. BIEK, 2018)

Der Megatrend Individualisierung und dessen Auswirkungen auf die Logistik der letzten Meile äußert sich in Form von gestiegenen Kundenanforderungen. Verbraucher möchten eine schnelle, einfache, bequeme, präzise und individuelle Belieferung (vgl. MetaPack, 2017, S. 15). Außerdem soll die Zustellung kostenfrei und umweltfreundlich sein (vgl. Muschkiet; Schückhaus, 2019, S. 361). Die Herausforderungen der KEP-Dienstleister gehen jedoch über die Erwartungshaltung der Kunden hinaus. Die Erreichbarkeit der Paket Empfänger hat sich verringert, wodurch eine Erstzustellung unwahrscheinlicher geworden ist. Die dazu kommenden Verkehrsregulierungen wie Lärm- und Umweltzonen in Großstädten, kreieren ein Spannungsfeld zwischen Kunden, Nachhaltigkeit und Wirtschaftlichkeit der KEP-Dienste. Ein weiterer Anreiz für Optimierungspotenzial der letzten Meile sind die hohen Kosten, welche bis zu 65% einer Online-Zustellung ausmachen können. (vgl. Heinemann, 2019a, S. 119) Aus diesen Gründen werden Lösungsansätze gesucht, welche die Touren auf der letzten Meile optimieren sollen (vgl. Heinemann, 2019a, S.120). Folgende fünf Konzepte Kofferraumzustellung, Drohnen- und Roboterzustellung, Elektromobilität, Paketbox und Crowd delivery könnten in dem Innovations-, Zeit- und Kostendruck neue Möglichkeiten bieten und werden deshalb in der Arbeit näher untersucht. (vgl. Heinemann, 2019a, S.120)

## 1.2 Zielsetzung und Aufbau

Innovative Zustellkonzepte sollen in Zukunft eingesetzt werden, um den Herausforderungen der Logistik der letzten Meile stand zu leisten. Ihre Notwendigkeit ist von verschiedenen Einflussgrößen geprägt. Beispielsweise soll die Umwelt entlastet oder das Verkehrsaufkommen reduziert werden. Durch das Einsetzen neuer Auslieferungsformen können Möglichkeiten geschaffen werden effektiver, kostengünstiger und kundengerechter zu agieren. Dennoch ist fragwürdig wie Kunden die alternativen Zustellformen bewerten und welches Konzept Akzeptanz findet. Da der Kunde ein Hauptakteur in der letzten Meile darstellt ist das Hauptziel der Arbeit die Sicht des Kunden über innovative Zustellkonzepte herauszuarbeiten. Es wird untersucht welches Zustellkonzept einen Mehrwert für Kunden darstellen kann und aus welchen Gründen. Ein weiteres Ziel der Arbeit ist es, die Notwendigkeit von innovativen Zustellkonzepten näher zu erläutern. Es wurde herausgearbeitet, wie neue Trends die letzte Meile beeinflussen und vor allem wie sich veränderte Kundenerwartungen auf die Lieferung von Paketen und die Gestaltung von Zustellkonzepten auswirken. Außerdem wurden auf Basis des heutigen Forschungsstandes Merkmale zusammengestellt, welche zur Messung bzw. Bewertung von innovativen Zustellkonzepten dienten. Ziel war es, diese möglichst aus Kundensicht zu erstellen und für das weitere wissenschaftliche Arbeiten zu verwenden. Die zusammengestellten Merkmale wurden für die Operationalisierung der quantitativen Analyse verwendet. Ziel der Datenerhebung war alle fünf Zustellkonzepte vorzustellen und einzeln bewerten zu lassen.

Die vorliegende Arbeit ist wie folgt gegliedert: Zu Beginn wird im 2. Kapitel die letzte Meile und ihre Einflussgrößen erläutert. In diesem Kapitel wird ein besonderer Fokus auf die veränderten Kundenerwartungen in Bezug auf die Paket Lieferung gelegt. Im 3. Kapitel werden die innovativen Zustellkonzepte vorgestellt. Dabei werden Praxisbeispiele herangezogen und Vor- und Nachteile des jeweiligen Konzepts herausgearbeitet. Zum Ende des 3. Kapitels werden die Inhalte für die Datenerhebung zusammengefasst und Hypothesen gebildet. Kapitel 4 vermittelt einen fundierten Einblick in die Methode und Kapitel 5 Ergebnisse der im Rahmen dieser Bachelorarbeit getätigten empirischen Untersuchung mittels eines Online Fragebogens. Darüber hinaus enthält der empirische Teil die zentralen Forschungsergebnisse, die gewonnenen Erkenntnisse sowie deren Interpretation. Abschließend erfolgt neben der Zusammenfassung die Einordnung der zukünftigen Relevanz des Themas.

# 2 Belieferung der letzten Meile

In Kapitel 2 wird, um dem Leser ein Grundverständnis zu vermitteln, ein Überblick über relevante Inhalte der Logistik verschafft. Insbesondere wird auf die Bedeutung der letzten Meile in Multi-Channel-Systemen eingegangen. Zudem werden die Megatrends und dessen Konsequenzen für den Auslieferungstransport erörtert. Auf veränderte Kundenanforderungen hinsichtlich der Paketzustellung wird vertiefend eingegangen.

## 2.1 Bedeutung der letzten Meile für Logistikprozesse

Logistische Prozesse sind von zwei wesentlichen Hauptzielen geprägt. Das erste Ziel konzentriert sich auf effiziente Prozessabläufe. Diese werden u.a. durch kostenoptimale Logistiklösungen realisiert. Dazu gehören vor allem niedrige Bestände, niedrige Transportkosten sowie niedrige Kommissionier Kosten. Flexibilität, Schnelligkeit und Zuverlässigkeit in der Supply-Chain sind ebenfalls ein Teil der Logistikziele. Das andere Zielbündel ist auf die Erreichung einer hohen Kundenzufriedenheit ausgerichtet. Die Kundennachfrage soll befriedigt werden, in dem die richtigen Produkte zur richtigen Zeit an den richtigen Ort gebracht werden. (vgl. Pfohl, 2004, S. 12-58 und Zentes; Schramm-Klein, 2008, S. 413) Die interne Supply Chain des Handels besteht aus sechs bedeutenden Teilprozessen: Beschaffung, Basisentscheidungen der Logistik, Bestandsmanagement, Lagersteuerung, Warenausgang sowie Retrodistribution. Sie können je nach Branche, Geschäftsmodell des Händlers oder Omnichannel-Strategie verschieden durchlaufen werden. Die konkrete Ausgestaltung kann an Komplexität und an Häufigkeit der Umsetzung der Prozesse gewinnen. (vgl. Swoboda; Foscht; Schramm-Klein, 2019, S. 614 und Zentes; Schramm-Klein, 2008, S. 416)

Im Folgenden wird der Warenausgang bzw. die Distributionslogistik näher erläutert und spezifisch auf den Auslieferungstransport, die sogenannte letzte Meile, eingegangen. Die Distributionslogistik, auch Absatzlogistik oder Vertriebslogistik genannt, hat die Aufgabe alle logistischen Prozesse, die im Zusammenhang mit der Verteilung der Ware an die Endkunden stehen, zu steuern (vgl. Zentes; Schramm-Klein, 2008, S. 421). Zu den wichtigsten Aufgaben gehört die Planung der Standorte sowie der Distributionsläger, Bestandsmanagement, Kommissionierung, Verpackung, Tourenplanung, Transportmitteleinsatzplanung, Auftragsabwicklung und die Kooperation mit Logistikdienstleistern (vgl. Zentes; Schramm-Klein, 2008, S. 421). Besonderes Ziel der Distributionslogistik ist es, die Anzahl der Läger zu minimieren. Durch die Einrichtung von Zentrallägern oder Warenverteilzentren bzw.

Cross-Docking-Systemen kann dies erfolgen. Von großer Bedeutung für Handels-unternehmen ist auch das Outsourcing von logistischen Prozessen an auswärtige Logistikdienstleister. Vor allem die Transportaktivitäten werden ausgelagert. (vgl. Zentes; Schramm-Klein, 2008, S. 421) Die Distributionslogistik in Multi-Channel-Systemen steht vor der Herausforderung den Vertrieb über unterschiedliche Ka-näle sicher zu stellen (vgl. Zentes; Schramm-Klein, 2008, S. 424). Dabei ist es für Handelsunternehmen komplexer geworden, die oben genannten Ziele der Logistik, am bestmöglichsten zu erreichen. Die Fähigkeit kleine Liefermengen auf unter-schiedliche Wege zum Kunden zu bringen, stellt hohe Anforderungen an die Wirk-kraft der Prozesse. Um Synergieeffekte realisieren zu können, müssen unterschied-liche Logistikprozesse und neue Absatzkanäle integriert werden. Durch die Kom-bination verschiedener Absatzkanäle und die daraus resultierenden Schnittstellen erhöhen sich die Komplexität sowie der Koordinationsaufwand. (vgl. Zentes; Schramm-Klein, 2008, S. 425) In Multi-Channel-Systemen verlaufen die Logistik-prozesse nicht mehr linear. Die Kombination von verschiedenen Verkaufskanälen (z.b. Online-Shop, Katalogversand und stationärer Shop) erfordern eine höhere Flexibilität in der Logistikkette, um auf die wechselnden Kundenkontaktpunkte lo-gistisch zu reagieren. Verschiedene Lieferpunkte und Empfangspunkte bestehen und entstehen. Logistikdienstleister müssen gewährleisten, dass Sendungen effi-zient an die verschiedenen Punkte geliefert werden. (vgl. Zentes; Schramm-Klein, 2008, S. 429-430)

Zur Ausgestaltung des Auslieferungstransports müssen vor allem unterschiedliche Lieferfenster und Transportkapazität berücksichtigt werden (vgl. Zentes; Schramm-Klein, 2008, S. 430). Die letzte Meile stellt die Logistik vor neuen Heraus-forderungen und wird immer mehr an Bedeutung gewinnen. Sie ist das letzte Weg-stück beim Transport von Paketen zum Endkunden. (vgl. Heinemann, 2019a, S.121) Ein Grund für den Bedeutungszuwachs ist das Wachstum des Online-Han-dels und das daraus resultierende Sendungsaufkommen (vgl. Muschkiet; Schück-haus, 2019, S.360). Allein im Jahr 2017 stieg das Sendungsaufkommen in Deutsch-land mit einem prozentualen Wachstum von 6,1 auf 3,3 Mrd. Sendungen. Davon ging die Hälfte der Sendungen an private Haushalte. 2022 werden 4,3 Mrd. Sendun-gen erwartet. (vgl. BIEK, 2018, S. 8-13)

Der Kostendruck der letzten Meile stellt KEP-Dienstleister ebenfalls vor Herausfor-derungen. In der folgenden Abbildung ist die Kostenverteilung in Prozent bezogen auf die Gesamtkosten dargestellt. Der Vorlauf und Hauptlauf der logistischen Wert-schöpfungskette der letzten Meile machen zusammen knapp 50 % aus. Im Vorlauf wird die Sendung im Logistikzentrum des Händlers abgeholt und ins Paketdepot des Logistikdienstleisters transportiert. Der Hauptlauf der letzten Meile beinhaltet die Sortierung von Sendungen nach Regionen. Danach werden sie gezielt in Depots gebracht. Den Rest der Gesamtkosten macht alleine die Auslieferung an die Endkunden mit 50 bis 65% aus. Gemäß Heinemann sind die Angaben aber nur Schätzungen, da es sich um sensible Zahlen und Informationen handelt. (vgl. Heinemann, 2019a, S.121)

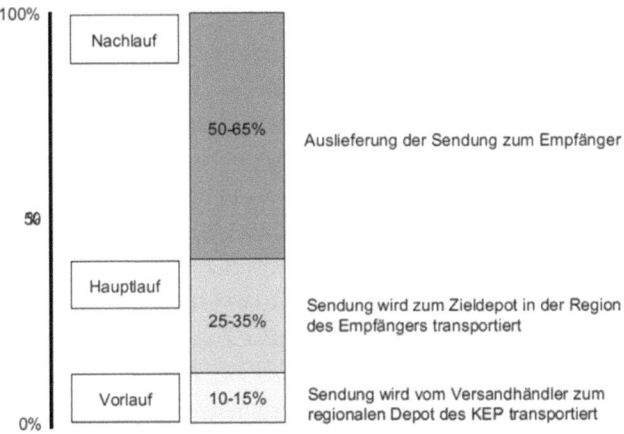

Abbildung 1.1: Prozentuale Kostenverteilung der Wegstücke innerhalb der letzten Meile
Quelle: Heinemann, 2019a, S.120

Kostentreiber im Nachlauf ist vor allem der missglückte Zustellversuch. Der Paketzusteller muss oftmals mehrfach den Empfänger anfahren, da er für die Entgegennahme nicht anwesend ist. Zudem müssen dann alternative Lieferorte wie Packstationen oder Paketshops beliefert werden. Durch die entstehenden Leerfahrten werden Mehrkosten für den Logistikdienstleister verursacht. (vgl. Heinemann, 2019a, S. 122) Der Stoppfaktor und stellt ebenfalls einen großen Kostenfaktor dar. Dieser beeinflusst auch die Zeitkomponente negativ. Chancen könnten allerdings durch Mengen- und Größeneffekte realisiert werden. (vgl. Heinemann, 2019a, S. 122-123) Die Auslastung des Transporters spielt für die Transportkosten eine große Rolle. Steigende Kapazität und steigende Auslastung führen zu einer Kostensenkung. Die Tendenz zur hohen Auslastung sinkt allerdings, da der Transport von einzelnen Sendungen steigt. Personalkosten stellen auch einen starken Kostenfaktor dar. (vgl. Heinemann, 2019a, S. 122-123)

In Abbildung 2 sind mögliche Auslieferungsformen im Multi-Channel-Handel skizziert. Zu unterscheiden ist die indirekte und direkte Zustellung sowie abholorientierte Modelle. (vgl. Tripp, 2019, S. 262 und Swoboda; Foscht; Schramm-Klein, 2019, S.713) Die direkte Zustellung stellt überwiegend die klassische Haustürzustellung dar. Der Zusteller übergibt die Ware persönlich an den Empfänger. Alternativ können Nachbarn oder Familienmitglieder die Sendung annehmen. Problematisch jedoch ist die erwähnte Nicht-Erreichbarkeit einer Person. (vgl. Tripp, 2019, S. 262-263). Im Normalfall erfolgt die Zustellung zwischen 10 und 18 Uhr. Gegebenenfalls können Pakete auch in einem Zeitfenster und an einem bestimmten Ort (z.B. Garage) zugestellt werden, wofür der Kunde eine Angabe bei dem Logistik-Dienstleister machen muss. (vgl. Heinemann, 2019a, S.124) Laut BIEK war die Haustürzustellung im Jahr 2016 die am weitesten verbreitete Zustellform in Deutschland. Mit 87 % Marktanteil an den gesamten Zustellmarkt wurd sie häufiger genutzt als Paketshops (10 %) und Paketautomaten (3 %). Paketboxen sowie sonstige Zustellungsarten haben jeweils nur 0,1 % erreicht. (vgl. BIEK, 2016) Gemäß einer Analyse von Oliver Wyman soll sie in Zukunft ein Luxusgut werden. Steigende Personalkosten und gleichzeitiger Wettbewerbsdruck sollen der Auslöser dafür sein. (vgl. Oliver Wyman, 2018) Innovative Zustellkonzepte wie Drohnen oder Roboter könnten ebenso zur Haustürzustellung eingesetzt werden. Dabei kann vor allem eine schnelle Lieferung sicher gestellt werden. Außerdem kann die Zustellung durch Elektromobilität oder das Zustellkonzept Crowd delivery für die direkte Zustellung an Bedeutung gewinnen. Diese Konzepte leisten einen positiven Beitrag zur Nachhaltigkeit beim Transport der Ware. Indirekte Lieferkonzepte, welche im Folgenden näher erläutert werden, können vor allem für das Problem der Nicht-Erreichbarkeit nützlich sein. (vgl. Heinemann, 2019a, S. 124 und Tripp, 2019, S. 256).

Die indirekte Belieferung erfolgt unpersönlicher und unabhängiger. Die sogenannten Boxsysteme veranlassen einen autorisierten Empfänger Pakete jeder Zeit zu entnehmen. Zu dieser Zustellform zählen vor allem die innovativen Zustellkonzepte. Die Paketbox, welche neben die Haustür von Ein- und Mehrfamilien angebracht werden kann. Außerdem kann die Kofferraumzustellung als indirekter Zustellort genutzt werden. (vgl. Tripp, 2019, S. 263)

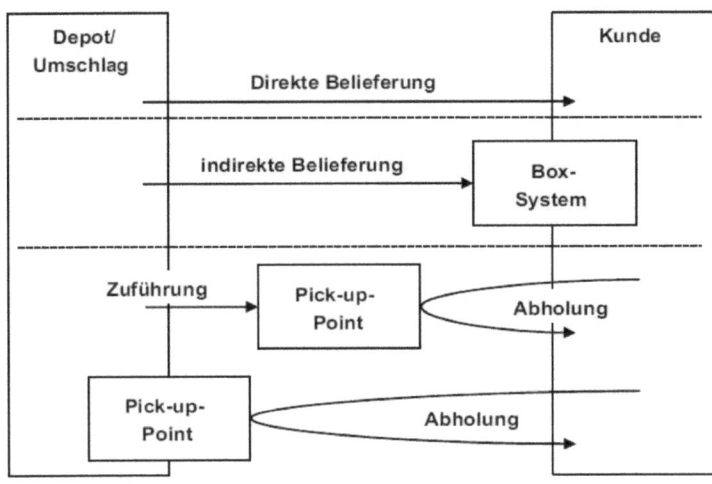

Abbildung 1.2: Auslieferungsformen in der letzten Meile
Quelle: Tripp, 2019, S. 263 und Swoboda; Foscht; Schramm-Klein, 2019, S.713

Pakete können auch zu Sammelpunkten geliefert und dort von einer autorisierten Person abgeholt werden. In diesem Fall spricht man von den Pick-up Modellen. Die Sammelpunkte sind öffentliche Packstationen, Paketboxen oder Postfilialen. (vgl. Tripp, 2019, S. 264) 2001 wurden die ersten Packstationen eingesetzt. Inzwischen sind deutschlandweit 3400 Stationen verfügbar. Packstationen sind seit langem etabliert und gehören zum Straßenbild. Sieben Tage die Woche um jede Uhrzeit, können autorisierte Kunden die Packstation als Lieferadresse nutzen. Die Zustelleffizienz wird durch eine höhere Auslastungen, geringere Zustellfahrten sowie höhere Erstzustellungsquoten gesteigert. Sie ist für die Zukunft geeignet und gilt als simpel und kostengünstig. (vgl. Heinemann, 2019a, S. 127) Paketboxen stehen an öffentlichen Straßen und stehen zur Versendung von Paketen und zur Aufgabe von Retouren zur Verfügung (vgl. DHL, 2019). Postämter dienen zur Aufgabe und Empfang von Paketen. Allerdings verlieren sie an Beliebtheit, da sie in Stoßzeiten überfüllt und unterbesetzt sind. (vgl. Heinemann, 2019a, S. 127) Abgesehen von der Haustürzustellung und den Postfilialen ist ein digitaler Kontakt zwischen Versender und Empfänger Voraussetzung (vgl. Muschkiet; Schückhaus, 2019, S. 373). Die Konzentration der KEP-Dienstleister liegt auf der Weiterentwicklung und Markteinführung von indirekten und abholorientierten sowie automatisierten Zustellformen. (vgl. Tripp, 2019, S. 264)

## 2.2 Eigenschaften des Kurier-, Express- und Paketmarktes (KEP)

Die KEP-Branche wickelt den letzten Teil des Versands in der logistischen Wert-schöpfungskette ab (vgl. Umundum, 2015, S.120). Sie transportieren „kleinstü-ckige" Sendungen zum Paketempfänger. Sie sind maximal 31,5 kg schwer und sol-len das Gewicht eines Paketes repräsentieren, welches von einer Person alleine ge-tragen werden kann. Im B2C-Segment ist überwiegend der „Markt für Kurier-dienste" und „der Standard Paketmarkt" von Bedeutung. Der Markt für Kurier-dienste umfasst Direktfahrten zwischen Versender und Abnehmer. Dazu gehören Stadtkuriere, „Same Day"- Zulieferer und Übernacht-Kuriere. (vgl. Tripp, 2019, S. 255-256) Der „Standard Paketmarkt" bezieht sich auf ein flächendeckendes Depot-Netzwerk mit einer standardisierten Auftragsabwicklung. Auftraggeber sind über-wiegend Industrie, Handel, Handwerk und Dienstleistungen. (vgl. Tripp, 2019, S. 255-256) Während der Gesamtumsatz der KEP-Branche im Jahr 2016 noch bei 18,5 Mrd. Euro lag, stieg er im Jahr 2017 auf 19,4 Mrd. Euro. Und verglichen mit dem Jahr 2000 stiegen die KEP-Umsätze um ca. 93 %. (vgl. BIEK, 2018,S. 7-12) Zum Wachstum haben vor allem die stark industriell ausgerichtete Prozessabwicklung der Paketdienste, die Massenleistungsfähigkeit sowie der stark wachsender On-line-Handel beigetragen. Aufgrund des kontinuierlichen Anstiegs soll in Zukunft ein aggressiver Kampf um Mengen, Preise sowie Marktanteile im KEP-Markt stand-finden. (vgl. Tripp, 2019, S. 256) Die KEP-Branche hat mit Personal Engpässen für den Auslieferungstransport zu kämpfen (vgl. Tripp, 2019, S. 262). Unfaire Gehälter sowie Stress wegen Leistungsdruck und Verkehrssituation mindern die Attraktivi-tät des Berufs (vgl. Witten; Carmen Schmidt, 2019, S. 308).

In der KEP-Studie 2018 von Bundesverband Paket und Expresslogistik (BIEK) wer-den zukünftige Maßnahmen zur Effizienz Steigerung hinsichtlich des Zustellungs-prozesses erörtert. Durch eine digitale Zollabwicklung oder Transparenz in der Lo-gistikkette durch Track and Trace können Kosten gespart werden und auf Kunden-bedürfnisse eingegangen werden. Außerdem soll die Automatisierung Einsparef-fekte bieten, welche bei 10 % liegen. Es müssen aber noch Voraussetzungen ge-schaffen werden, um den Einsatz möglich zu machen. Gesetze, politische Entschei-dungen und Industrie gestalten und begleiten die Einführung. Autonome Zustell-konzepte wie die Drohnen- und Roboterzustellung werden dafür getestet. Derzeit machen sie noch keinen großen Anteil an Sendungen aus und werden nur begrenzt eingesetzt. Der 3D-Druck hingegen könnte sich in Zukunft stärker etablieren. (vgl. BIEK, 2018, S.46-47) Laut der BIEK Nachhaltigkeitsstudie 2017 gewinnt das Thema Nachhaltigkeit im Auslieferungsprozess an Bedeutung. Vor allem soll der

Einsatz von Elektromobilität in der letzten Meile weiter ausgebaut werden. Dazu wird im Kapitel 3 näheres erläutert. (vgl. BIEK, 2017,S. 36)

## 2.3 Megatrends und deren Konsequenzen für die letzte Meile

Die Entwicklung der letzten Meile ist von wirtschaftlichen und gesellschaftlichen Trends geprägt. Ihre Auswirkungen spielen für die Logistik eine große Rolle und müssen bei der Gestaltung mit einbezogen werden. Sie sind der ausschlaggebende Grund wieso Zustellkonzepte weiterentwickelt und neu gestaltet werden. Auf die Megatrends Digitalisierung, Urbanisierung, Nachhaltigkeit und Individualisierung wird im Folgenden näher eingegangen.

### 2.3.1 Digitalisierung

Die Digitalisierung spielt für innovative Ansätze und Technologien eine wichtige Rolle. Durch beispielsweise Big Data oder Radio Frequency Identification (RFID) können Verknüpfungen der Systeme, Daten und Dienste erfolgen und Produkte können dadurch neu entwickelt und optimiert werden. Für die letzte Meile kann die Digitalisierung für die mobile Datenkommunikation, offene Schnittstellen, durchgängige Prozesstransparenz, Sendungsverfolgung und proaktive Kundenvernetzung eingesetzt werden. Außerdem kann sie bei der Tourenplanung sowie Findung von geeigneten Standorten für Verteilzentren behilflich sein. (vgl. Fraunhofer-Institut für Materialfluss und Logistik IML, 2016, S. 32-33)

In der letzten Meile finden verschiedene Logistiktechnologien ihren Einsatz. Beispielsweise können autonome Fahrzeuge eine Möglichkeit darstellen, steigende Kundenanforderungen mit Effizienz zu vereinbaren. (vgl. Fraunhofer-Institut für Materialfluss und Logistik IML, 2016, S. 32-33) Autonom fahrende Lieferfahrzeuge, LKWs, Roboter oder Drohnen können für besonders kostenintensive Räume eingesetzt werden. Durch einen automatisierten Betrieb der mehrmals täglich Kunden anfahren kann, können Synergieeffekte erzielt werden. Voraussetzung für die Etablierung von autonomen Fahrzeugen ist die gesellschaftliche Akzeptanz und die dafür notwendige Infrastruktur (vor allem in Großstädten). Beispielsweise brauchen Drohnen Landeflächen oder Lieferroboter geeignete Straßen zum befahren. (vgl. Fraunhofer-Institut für Materialfluss und Logistik IML, Zukunftsstudie, 2016, S. 32-33) Lokalisierungstechnologien stellen ebenfalls neue Logistiktechnologien dar. Dazu gehört zum einen die Sendungsverfolgung. Sensoren wie RFID oder der QR-Code (Quick Response) werten den Ist-Zustand aus und gewährleisten dem Kunden ein Tracking and Tracing in Echtzeit. Außerdem sind intelligente Kofferräume mit Lokalisierungstechnologien ausgestattet. (vgl. Wegner, 2019, S. 292-294) Durch neu entwickelte Technologien sind ebenso Logistikplattformen sowie Frachten- und Transportbörsen entstanden. Die Vorteile der Digitalisierung, die sich für die Logistik erschließen sind weitreichend. Zum Beispiel können Logistikkosten gesenkt werden, Transportketten beschleunigt und umweltschonender transportiert werden. Dennoch ist die Logistik Branche allgemein nur mittelmäßig digitalisiert. (vgl. Wegner, 2019, S. 295-296)

Es lassen sich drei Zieldimensionen aus den Möglichkeiten der Digitalisierung für die Gestaltung der letzten Meile ableiten. Zum einen kann die Produktivität durch Kosten- und Zeit Ersparnis erhöht werden. Durch den Einsatz von autonomen Zustellfahrzeugen wie Zustelldrohnen- und Roboter kann auf den Zusteller sowie Zustellvorgänge verzichtet werden. Zudem kann der Auslieferungsprozess vollständig transparent gestaltet werden, um den Kunden einen jederzeitigen Einblick zu gewähren. (vgl. Witten; Schmidt, 2019, S.315) Ebenso können Kundenwünsche in Echtzeit erfasst und umgesetzt werden. Durch den digitalen Kontakt zwischen Paketzusteller und Kunden, können auf Änderungen des Zustellorts und Zustellzeitpunkts oder auf das Retourenmanagement reagiert werden. (vgl. Witten; Schmidt, 2019, S.315) Zudem entstehen neue digitale Plattformen, die das Serviceangebot für Kunden erweitert. Beispielsweise bietet der Serviceprovider „heyparcel" oder „livery" das Konzept des Crowd deliverys an. Auf dieser Plattform können private Personen Pakete für einen kleinen Zuverdienst ausliefern und sich kontinuierlich über neue Aufträge in ihrer Nähe informieren. (vgl. Witten; Schmidt, 2019, S.315)

### 2.3.2 Urbanisierung

Immer mehr Menschen ziehen in Großstädte. 54% der Weltbevölkerung lebt heute schon in städtischen Lebensräumen und der Anteil wird bis 2050 auf 66% erhöht. Innerhalb Europas gibt es bereits 26 Millionenstädte und in Deutschland leben fast 50 % der Menschen in Ballungsräumen wie Stuttgart, München oder Hamburg. (vgl. Gerdes; Heinemann, 2019, S. 398) Die Auswirkungen die durch die Urbanisierung und somit der Verdichtung des Lebensraums einhergeht stellt die letzte Meile vor logistischen Herausforderungen. In diesem Zusammenhang wird auch oft von der Urbanen Logistik gesprochen. Knappheit von Logistikflächen, Dauerstaus und Lärm stellen einer dieser Problematiken dar. 80 % der Staus in der Innenstadt soll von Paketzustellern verursacht werden, welche in der zweiten Reihe parken. Außerdem ist die Wahrscheinlichkeit zur Erstzustellung gesunken, so dass immer häufiger eine Zweit- oder Drittzustellung benötigt wird. Das wiederrum bedeutet, dass der Paketzusteller häufiger unterwegs ist, um die Lagerung, Retouren oder Belieferung des Packetshops wahrzunehmen. (vgl. Gerdes; Heinemann, 2019,S. 406)

Aufgrund des wachsenden Personen- und Wirtschaftsverkehrs steigt nicht nur der $CO_2$ Ausstoß, sondern auch die Preise für Wohn- und Lagerflächen. Dies führt zu sozialen Spannungen und zu Ressourcenkonflikten. Politik, Öffentlicher Personennahverkehr (ÖPNV) und der Wirtschaftsverkehr versuchen gemeinsame Prioritäten zu setzen. (vgl. Gerdes; Heinemann, 2019, S. 398) Die verstärkten Warenströme, die mit dem Wachstum des Distanzhandels einhergehen und das Zusammenwachsen der Vertriebskanäle zu Multi-Channel-Systemen bringen zusätzliche Zustellverkehre mit sich. Es wurden neue Distributionsstrukturen entwickelt, um möglichst nah bei dem Kunden zu sein. Innerstädtische Verteilzentren und Micro-Hubs dienen zur Verkürzung der letzten Meile und kundennähe. Widerstände gegenüber großen Versandzentren innerhalb der Stadt seitens der Bevölkerung und die Flächenknappheit für den Umschlag der Ware, erschweren die Optimierung von Distributionsstrukturen. (vgl. Witten; Schmidt, 2019, S.306) Vorhandene Flächen in Parkhäusern, stillgelegte Supermärkte sowie Container können vorübergehend als Lagermöglichkeit dienen. (Vgl. Witten; Schmidt, 2019, S.306) Die urbane Logistik kann nur nachhaltig und effizient betrieben werden, wenn zum einen alternative Lieferoptionen gewährleisten, dass Kunden bedarfsgerecht und umweltfreundlich beliefert werden. Zum anderen muss die Mobilität und Infrastruktur in Innenstädten garantiert sein und die urbane Logistik als positiver Beitrag zur Lebensqualität anerkannt werden. (vgl. Gerdes, Heinemann, 2019, S.402) Konsolidierungszentren könnten für den Auslieferungstransport die Effizienz steigern. Dafür ist eine Förderung von Kooperation zwischen KEP-Dienstleister und Handel notwendig und eine Bereitstellung von Immobilien für die Lagerhaltung. Digitale Plattformen zur Bündelung von Transporten oder das Konzept „Smart City" könnten ebenso als Chance genutzt werden. (vgl. Gerdes, Heinemann, 2019, S.404) Derzeit werden zur Regulierung verschiedene Instrumente eingesetzt werden. Lieferzeitbeschränkungen (z.B. Fahrverbote am Wochenende), Lieferortbeschränkungen, Gebühren oder Umweltzonen zählen zu Möglichkeiten den urbanen Raum zu optimieren. (vgl. Gerdes, Heinemann, 2019, S.403)

### 2.3.3 Nachhaltigkeit

Überschreitungen von Feinstaubgrenzen in Deutschlands Städten und die Ausweitung von Umweltzonen sowie die Einschränkung von Dieselfahrzeugen sind einige Maßnahmen gegen die steigende Umweltbelastung. Gesellschaft, Industrie und Politik setzen sich immer mehr mit den ökologischen Auswirkungen auseinandersetzen und denken um. Für Logistik-Dienstleister ist vor allem das steigende Sendungsaufkommen und die daraus resultierenden Umweltbelastung in beispielsweise Form von $CO_2$ Emissionen, ein Grund nachhaltige Lösungsansatze für die letzte Meile zu finden. (vgl. Wildemann, 2019, S. 719) Frachtbörsen und Mitfahrgelegenheiten könnten als schnell umsetzbare Maßnahme genutzt werden, um Leerfahrten zu vermeiden. Mittelfristig wurde der Gütertransport auf den Schienenverkehr verlegt, um so $CO_2$ Emissionen zu senken und den Verkehr zu entlasten. Langfristig gesehen ist die Elektromobilität eine Chance zur ökologischen Nachhaltigkeit beizutragen. (vgl. Wildemann, 2019, S. 721) Die Deutsche Post DHL Group will bis 2050 alle logistikbezogenen Emissionen auf null reduzieren. Dafür werden immer verstärkter alternative Zustellkonzepte wie Elektrofahrzeuge für die Belieferung der Endkunden eingesetzt. (vgl. DHL, o.J.).

Die Elektromobilität wird von vier Faktoren beeinflusst: Klimawandel, rechtliche Aspekte, Wettbewerb und Kundenanforderungen. Es wurden in Deutschland Klimaschutzziele als Maßnahme gegen den Klimawandel auferlegt. (vgl. Wildemann, 2019, S. 720) Gemäß dem neuen EU-Gesetz müssen bis 2030 die $CO_2$-Emissionen von LKWs um 30 Prozent gesenkt werden. (vgl. Ec Europa, 2019) Beim Einsetzen von Elektrofahrzeugen zur Reduzierung von Emissionen muss darauf geachtet werden aus welcher Quelle der Energiebedarf stammt. Ist dieser nicht 100% regenerierbar handelt es sich nur um eine Verlagerung der Emissionen. (vgl. Lehmacher, 2013, S. 54) Außerdem ist die Weiterentwicklung des Batteriesystems wichtig, um die Batteriereichweite und Batterielebensdauer zu verbessern (vgl. Wildemann, 2019, S. 729). Ein Kaufkriterium für Kunden, vor allem die in Ballungsräumen lebend, sind innovative und ökologische Produkte. Sie interessieren sich für saubere Antriebstechnologien und kaufen bewusst nach diesen Faktoren ein. Durch das Einsetzen von Elektromobilität kann also auch das Image von Logistikdienstleistern gegenüber Gesellschaft und Politik positiv beeinflusst werden. (vgl. Wildemann, 2019, S. 725)

## 2.3.4 Individualisierung

Die Individualisierung hat das Kaufverhalten und die Kundenanforderungen an jegliche Produkte oder Dienstleistungen verändert. Dieser Trend äußert sich dadurch, dass Verbraucher Produkte kaufen, mit denen sie sich identifizieren können und dabei verstärkter auf die Umwelt achten. (vgl. Lehmacher, 2013,S. 83) Kunden erwarten eine schnelle und anhaltende Befriedigung ihrer Nachfragen (die sogenannte „Sofortreaktion"). Heute soll nicht nur das Produkt individuell sein (z.B. www.mymuesli.de), es soll auch der Online-Shop personalisiert sein (z.b. Zalando). (vgl. Tripp, 2019, S. 25) Außerdem kaufen die heutigen Verbraucher über verschiedene Kanäle (Online und Offline) und kombinieren diese nach individuellem Bedarf (z.B. Click and Collect) (vgl. Witten; Schmidt, 2019, S.312).

Durch die Erwartung an Individualisierung und Personalisierung nimmt die Komplexität der Kundenbefriedigung zu (vgl. Tripp, 2019, S. 25). Produzenten und Dienstleister versuchen durch neue Produkt- und Serviceportfolios die Kundennachfrage zu befriedigen und neue Absatzmärkte zu erschließen (vgl. Witten; Schmidt, 2019, S.312). Während die Variantenvielfalt an Produkten und Services steigt, wollen Anbieter die anfallenden Kosten möglichst gering halten (vgl. Tripp, 2019, S. 25). Dabei ergeben sich erhebliche Konsequenzen für die letzte Meile. Für die Belieferung wünschen sich Kunden beispielsweise Einfluss auf den Lieferort und Lieferzeit zu haben. (vgl. Tripp, 2019, S. 25) Bis vor ein paar Jahren waren Konsumenten mit einer Paketzustellung innerhalb einer Woche zufrieden. Heute wollen sie vorgeben wo und wann ihre Sendung geliefert werden soll. (vgl. Gerdes; Heinemann, 2019b, S.406-407)

## 2.3.4.1 Veränderte Kundenanforderungen

Laut der internationalen E-Commerce Delivery Verbraucherstudie von MetaPack möchte der Kunde seine Ware schnell, simpel, bequem, personalisiert und präzise erhalten. (vgl. MetaPack, 2017, S. 15) Zusätzlich kommen Erwartungen hinsichtlich einer kostenfreien und umweltfreundlichen Lieferung hinzu. (vgl. Muschkiet-Schückhaus, 2019, S. 361) Vor allem Smartphone Nutzer wünschen sich eine Lieferung am nächsten Tag. Sie wollen die Lieferoptionen flexibel ändern können. Darunter fallen Lieferort des Paketes, Zeitfenster und Zeitpunkt als wichtige Auswahlkriterien. Sie wollen den Erhalt der online gekauften Sendung an ihre Bedürfnisse und aktuelle Situation anpassen. Smartphone Käufer, welche in Ballungsräumen wohnen, wünschen sich sogar eine Lieferung innerhalb ein paar Stunden. Falls die gewünschten Lieferoptionen unbefriedigend sind, würden 50 % der von MetaPack

Befragten den Online Kauf abbrechen. (vgl. MetaPack, 2017, S. 3-20) Dennoch sind die Kundenanforderungen hinsichtlich der Lieferschnelligkeit je nach Quelle unterschiedlich und sie sind von Wohnort sowie Einkaufshäufigkeit geprägt. Allerdings ist allgemein festzuhalten, dass eine immer schnellere Lieferung in Zukunft von hoher Bedeutung ist. (vgl. Muschkiet; Schückhaus, 2019, S. 361)

Laut der Studie von MetaPack würden 35 % der Befragten für eine Zustellung zu einem gewünschten Zeitpunkt und an den gewünschten Ort mehr zahlen. Dennoch ist 65 % der Befragten eine kostenlose Lieferung wichtig. (vgl. MetaPack, 2017, S. 11-16) Die deutschlandweite Studie, „Aufbruch auf der letzten Meile" von Pricewaterhousecoopers (Pwc) ergab, dass sich sogar 91 % der Befragten eine kostenlose Lieferung wünschen (vgl. Prümm; Höhn, 2017, S.9). Außerdem beeinflussen ethische Grundsätze sowie Umweltaspekte die Kaufentscheidungen der Verbraucher. Knapp die Hälfte der Befragten gab an, dass sie sich über die ökologischen Auswirkungen bewusst sind und 27% legen sogar einen sehr großen Wert darauf. (vgl. MetaPack, 2017, S.13) 71 % der Befragten würden sogar eine gemeinschaftliche Belieferung bevorzugen (vgl. MetaPack, 2017, S.37). Sendungen werden dem Kunden erst zugestellt, wenn alle online Käufe von verschiedenen Anbietern gesammelt vorliegen. Dadurch sollen keine einzelnen Sendungen ausgeliefert werden, sondern in gebündelter Form eine Vollauslastung entstehen. Dennoch ist zu beobachten, dass sich Konsumenten bei Befragungen oft umweltfreundlicher darstellen, als sie beim Einkaufen wirklich sind. (vgl. Muschkiet; Schückhaus, 2019, S. 363)

Laut der MetaPack Studie sorgen vor allem Kontrolle und Flexibilität für eine individuelle Lieferung. Die Kontrolle äußert sich vor allem in der Sendungsverfolgung. 90 % der Befragten verfolgen ihren Lieferstatus regelmäßig. (vgl. MetaPack, 2017, S.7). Den Status der Sendung jederzeit aufzurufen ist auch ca. drei Viertel der Befragten der Pwc wichtig. (vgl. Prümm; Höhn, 2017, S.9) Verschiedene Zustellvarianten könnten Kunden ebenso mehr Flexibilität bzw. Individualität bieten. Dennoch sind Bedenken wegen der autonomen Zustellungen geäußert wurden. 60 % befürchten Beschädigungen der Sendungen und 57 % dauert die Umsetzungsphase zu lange. Trotzdem gab ein Viertel an, innovative Zustellkonzepte in Betracht zu ziehen. (vgl. MetaPack, 2017, S.26) Die Anforderung an eine präzise Lieferung äußert sich vor allem in der Verlässlichkeit eines Zustellprozesses. Das Lieferversprechen wird von den meisten Kunden aktiv überprüft. Bei einer Zustellung an einem bestimmten Ort oder in einer gewissen Spanne, sollte der Zusteller den Kunden die gewünschte Transparenz und Verlässlichkeit bieten. (vgl. Muschkiet; Schückhaus, 2019, S. 362)

## 2.3.4.2 Potenzielle Zielgruppen und Märkte

Die Zielgruppen, die den Treiber des wachsenden Online Handels darstellen sind vor allem Millennials und die Generation Z (vgl. Weuthen, 2019, S.126). Aufgrund der hohen Nutzung des E-Commerce, bestimmen vor allem sie welche Zustellkonzepte sich in Zukunft etablieren werden. Millennials machen 15 % der privaten Haushalte in Deutschland aus. Bis 2020 soll der Millennial Markt auf 20 % steigen. Derzeit machen sie einen Anteil von 30 % am Non-Food Markt im E-Commerce aus. Für FMCG-Online-Shopping (Fast Moving Consumer Goods) geben sie 25 % mehr aus als alle anderen deutschen Haushalte insgesamt. (vgl. Weuthen, 2019, S. 126). Sie sind zwischen 1981 und 1995 geboren und wurden durch den Wandel von einer Industriegesellschaft zur globalisierten digital vernetzten Gesellschaft geprägt. Durch die Globalisierung und das Internet haben Millennials viele Wahlmöglichkeiten hinsichtlich Bildung, Konsum oder Freizeit. Im Kaufverhalten äußert sich diese Wahlmöglichkeit vor allem in Form des Individualismus. Rationale und emotionale Aspekte spielen beim Kaufprozess ebenfalls eine Rolle. Sie sammeln für sich alle relevanten Informationen über Märkte, Preise und Produktalternativen. Das Smartphone wird von 80% der Millennials täglich benutzt. (vgl. Weuthen, 2019, S.126-127) Sie wollen nicht in einer reinen Konsumgesellschaft leben. Außerdem wollen Millennials weniger besitzen und ein Teil von etwas Großem sein. (vgl. Steinmetz, 2019, S. 240)

Menschen, die zwischen 1995 und 2010 geboren sind gehören zur Generation Z (vgl. Heinemann, 2019b, S. 18). Sie verbringt 74 % ihrer Freizeit online. Für sie ist die Digitalisierung und vernetzte Welt selbstverständlich. Die Generation Z besteht hauptsächlich aus Impuls- und Multi-Channel- Käufern. Personalisierte Produkte haben bei ihnen einen noch höheren Stellenwert. (vgl. Weuthen, 2019, S. 127-128) Ihr Kaufverhalten wird im hohen Maß von Kaufempfehlungen von Freunden oder Familie beeinflusst (vgl. Heinemann, 2019b, S. 18).

Die Konsumenten namens LOHAS (Lifestyle of Health and Sustainability) stellen eine sehr umweltbewusste Zielgruppe dar. Sie möchten nicht auf Konsum verzichten, legen aber Wert auf die Umwelt und auf nachhaltige Produktion. (vgl. Lehmacher, 2013, S. 82) Sie wollen ethisch bewusst einkaufen und dabei in gesellschaftlicher Verantwortung handeln. (vgl. Weuthen, 2019, S. 128) Die LOHAS sind zwischen 30 und 59 Jahre alt, kultiviert, berufstätig und gut situiert. (vgl. Weuthen, 2019, S. 129) Vor allem nachhaltige Zustellkonzepte könnten bei ihnen Zuspruch finden.

# 3 Innovative Zustellkonzepte und ihre Bedeutung für die letzte Meile

Im folgenden Kapitel wird auf alle fünf Zustellkonzepte detailliert eingegangen. Dabei werden Vor- und Nachteile aufgezeigt und einige Praxisbeispiele näher betrachtet. Abschließend wird der Inhalt zusammengefasst und Hypothesen für die Datenerhebung gebildet.

## 3.1 Die Kofferraumzustellung

Die Paketzustellung in den Kofferraum wurde deutschlandweit in den letzten Jahren von vielen verschiedenen Automobilherstellern in Kooperation mit DHL und Online-Händler getestet. Unter anderem hat Smart in Kooperation mit DHL die Kampagne „ready to drop" ins Leben gerufen (vgl. smart, o.J.). Außerdem entwickelte Volkswagen in Kooperation mit DHL und diversen Online-Shops wie beispielsweise Amazon das Projekt „We delivery". Für 2019 plant VW in mehreren europäischen Städten verfügbar zu sein. (vgl. VW, o.J.) Automobilhersteller wie Audi, Skoda, Volvo oder Online-Händler wie Allyouneed fresh oder Fashion ID wollen zukünftig ebenfalls diese Lieferoption anbieten und befinden sich in Testphasen und Kooperationen. (vgl. Heinemann, 2019a, S. 128) Dieses Jahr hat die Daimler AG in Zusammenarbeit mit dem Modehaus Breininger und Last-Mile-Zusteller Liefery in Stuttgart ein Pilotprojekt ins Leben gerufen. Das Projekt namens Chark („Change the why you park") steht zunächst 500 Personen zur Verfügung. (vgl. Beutnagel, 2019)

Es müssen einige Voraussetzungen erfüllt sein, um die Nutzung für den Kunden zugänglich zu machen. Der Kunde muss Besitzer eines Fahrzeuges sein, welches einen smart Kofferraum besitzt. Das könnten bestimmte Modelle von beispielsweise Smart, Audi oder VW sein. Außerdem muss der Kunde sein Auto in einem Ballungsgebiet (Berlin, Bonn, Köln oder Stuttgart) parken, denn nur dort wird der Service derzeit angeboten. Eine Registrierung bei dem Automobilhersteller und bei DHL ist ebenfalls notwendig. Als letztes muss vorausgesetzt sein, dass der Online-Händler diese Art von Zustellung anbietet. (vgl. DHL, o.J.) Nachdem der Kunde sich beim Automobilhersteller registriert hat, kann er immer wieder eine neue TAN bzw. Car-ID generieren. Dieser wird für die Bestellabwicklung benötigt. Der Kunde kauft bei einem der teilnehmenden Online-Händler ein. In der Adressierung muss er im Adresszusatzfeld die TAN eingeben sowie die voraussichtliche Lieferadresse und Lieferzeitfenster. (vgl. DHL, o.J.) Der PKW muss in einem 300-m-Radius um die

Lieferadresse geparkt sein. Die Fahrzeugposition wird vom Paketzusteller mithilfe einer App erkannt. Der Bote kann per delivery App und TAN einmalig den Kofferraum öffnen und das Paket hinein legen. Letztendlich wird der Kunde von DHL benachrichtigt, dass sein Paket erfolgreich im Wagen zugestellt ist. Danach erlischt die Zugangsberechtigung für den Zusteller. Der Paketzusteller erhält ebenfalls eine Information, dass der Kofferraum ordnungsgemäß verriegelt wurde und kontrolliert laut DHL nochmal händisch die Verriegelung. Alternativ kann der Zusteller auch Retouren mitnehmen. Diese müssen vom Kunden in den Kofferraum gelegt werden. Der Zusteller nimmt das Packet mit und hinterlässt danach eine Quittung. (vgl. DHL, o.J.)

Laut DHL ist die Kofferraumzustellung am Anfang der Nutzung kostenlos und es können nur seitens des Automobilherstellers Umrüstungs- oder Aktivierungskosten anfallen. Der Kunde zahlt nur die Versandkosten vom Versender. (vgl. DHL, o.J.) Trotz allem könnten einige Probleme auftauchen. Beispielsweise steht das Auto nicht im 300-m-Radius, der Kofferraum lässt sich nicht öffnen oder das Paket ist zu groß. Im Fall, dass das Auto falsch geparkt ist oder der Kofferraum sich nicht öffnen lässt, wird laut DHL die Sendung am darauffolgenden Tag versucht erneut zuzustellen. Sollte die Zustellung wieder nicht gelingen, wird die Sendung in die nächstgelegene Filiale gebracht. Der Kunde kann durch eine App den Zustellprozess verfolgen und wird auch bei Veränderungen benachrichtigt. Bei einem zu großen Paket wird die Sendung ebenfalls in eine Filiale gebracht. (vgl. DHL, o.J.) DHL zur Folge sollte das Thema Diebstahl kein Problem dar. Da es beispielsweise bei Ablageverträgen in Garagen ähnliche Situationen gibt, wird auf bestehend positive Erfahrung und ethische Grundsätze der Mitarbeiter verwiesen. (vgl. DHL, o.J.)

Das Konzept könnte für Kunden, welche eine individuelle Zustellung wünschen, Akzeptanz finden. Durch die Wahl der Zustellzeit und Zustellort kann der Empfänger die Zustellung an seine Bedürfnisse anpassen. Zudem könnte die Retouren Aufgabe einen positiven Zusatzservice darstellen. Allerdings kann der Eingriff in die Privatsphäre oder Angst vor Diebstahl ein Grund für die Ablehnung sein. Kunden müssten zudem bestimmte Automodelle besitzen, um diese Art von Zustellung zu nutzen. Zudem ist ungewiss, inwieweit der Kunde sich in den Zustellprozess einbringen will. Aus Sicht der Logistik-Dienstleister können sich Vorteile ergeben. Der missglückten Zustellung aufgrund von Nicht-Anwesenheit des Empfängers kann entgegen gewirkt werden. Dadurch können Kosten gespart und die Effizienz von Transporten erhöht werden. Dennoch wird laut BIEK die Zustellung in den Pkw-Kofferraum in Großstädten keine bedeutsame Rolle spielen. Die bis dato mangelnde Akzeptanz der Verbraucher und der hohe technische Integrationsaufwand seitens der KEP-Dienste verhindern die Marktdurchdringung. (vgl. BIEK, 2017, S. 92)

## 3.2 Die Drohnen- und Roboterlieferung

Die Drohnen- und Roboterlieferung wird von E-Commerce Unternehmen wie Amazon oder Logistikdienstleistern wie DHL oder Hermes seit Jahren getestet. Paketdrohnen fliegen von einem stationären Depot zum Endkunden. Sie werden entweder manuell von einem menschlichen Piloten gelenkt oder von einem Computersystem teil- oder vollständig autonom gesteuert. (vgl. Fraunhofer-Institut für Materialfluss und Logistik IML, 2016, S.39-45) Die heutigen Transportdrohnen verfügen über einen elektrischen Antrieb. Manuell gesteuerte Drohnen können sich maximal 1 bis 2 Kilometer vom Piloten entfernen. (vgl. Fraunhofer-Institut für Materialfluss und Logistik IML, 2016, S. 39-45) Autonom fliegende Drohnen, wie der DHL Paketkopter, können bereits in 1.200 Meter Höhe eine Distanz von acht Kilometern pro Strecke zurück legen. Dabei ist die heutige Nutzlast bis zu 5 kg schwer. (vgl. DHL, o.J.) Die Geschwindigkeit des Paketkopters hat sich von 70 km im Jahr 2016 auf 130 km im Jahr 2018 erhöht. Vor allem in Gebieten, wo ein Transport über herkömmliche Infrastruktur schlecht möglich ist oder deutlich mehr Zeit kosten würde, gewinnt die Lieferdrohne immer mehr an Bedeutung. Der Paketkopter von DHL wurde beispielsweise in Ostafrika für die Medizinversorgung erfolgreich eingesetzt. (vgl. DHL, o.J.)

Für den Urbanen Raum wird der Einsatz von Paketdrohnen noch als kritisch angesehen. Obwohl das größte E-Commerce Unternehmen Amazon 90 % seiner verschickten Sendungen als gewichtsmäßig „drohnenfähig" bezeichnet. (vgl. Fraunhofer-Institut für Materialfluss und Logistik IML, 2016, S. 39-45) Vorschriften des Luftfahrtgesetzes erschwert es derzeit noch gewerblichen Drohnennutzern. Sogenannte „Aufstiegserlaubnisse" werden benötigt. Sensible Bereich wie beispielsweise Menschenansammlungen, Flughäfen oder Naturschutzgebiete dürfen nicht überflogen werden. (vgl. bmvi, o.J.) Zudem kann die Lieferdrohne, durch einen unerwarteten Absturz (z.B. durch einen Vogelschlag), Menschen und Tiere in Gefahr bringen. (vgl. Fraunhofer-Institut für Materialfluss und Logistik IML, 2016, S. 39-45) Außerdem ist die Belieferung durch eine Paketdrohne Witterungsabhängig und verursacht dadurch logistische Einschränkungen. Inwieweit der Kunde das neue Zustellkonzept annimmt und sich entsprechend einbringen will (beispielsweise bei der Warenannahme), ist auch noch unbekannt. Laut der BIEK Studie ist die Übergabe technisch lösbar durch beispielsweise Ladeflächen auf Hausdächern, aber viel zu aufwendig. (vgl. BIEK, 2017, S. 79) Die Daimler AG und UPS wollen die Lieferdrohne für die „vorletzte" Meile einsetzen. Sie soll zwischen Paketzentrum und Paketshop pendeln. (vgl. Fraunhofer-Institut für Materialfluss und Logistik IML, 2016, S. 38-45) Zudem hat Daimler den Vision Van entwickelt, welcher eine mobile Plattform auf dem Dach des Pkws für die Drohne enthält. Dieser soll schlecht angebundene Lieferorte beliefern und so die Effizienz steigern. (vgl. Media Daimler, o.J.)

Der Lieferroboter ist ein fahrerloses Transportmittel, welches einzelne Sendungen über kürzere Strecken zu einem Endkunden transportiert. Es fährt batterie-elektrisch. (vgl. Fraunhofer-Institut für Materialfluss und Logistik IML, 2016, S. 38-45) *Das Unternehmen Domino's Pizza Enterprises setzte in Kooperation mit Starship Technologies im Jahr 2017 zum ersten Mal in Europa den Lieferroboter ein. Mit einer Geschwindigkeit von 6 km/h navigiert er sich durch die Straßen und weicht Hindernissen, durch eingebaute Sensoren, aus. (vgl. Dominos, 2017) Die Nutzlast des Roboters verfügt über 10 kg und hat aktuell eine Reichweite von 6 bis 10 km je nach Batteriegröße. Der Einsatz erfolgt überwiegend auf Fußwegen, wobei Hindernisse bis zu 15 cm Höhe überquert werden können. Die Straßenquerungen werden durch einen Dispatcher gesteuert. Dieser steuert den Roboter per GPS-Koordinaten (Global Positioning System) und Funkverbindung. Allerdings ist das Ziel ein mannloses autonomes Fahren über erlernte Strecken. Laut BIEK kann der Zustellroboter eine umweltfreundliche Zeitfensterzustellung werden. Same Day Delivery, Food Delivery oder Abendzustellungen könnten sich durch entsprechende Zahlungsbereitschaft der Kunden etablieren. (vgl. BIEK, 2017, S. 80-81)*

*Generell kann die Zustellung durch Drohnen oder Roboter schneller erfolgen. Da sie (teil-)automatisiert sind können sie auf Knopfdruck Sendungen in einem nah gelegenen Depot abholen und zum Empfänger liefern. Dennoch könnten Gesetze, technische Risiken sowie die geringe gesellschaftliche Akzeptanz den Einsatz hemmen. Dennoch ist sie eine Chance die Versorgung von schwer erreichbaren Gebieten zu gewährleisten. Letztlich ist auch fragwürdig inwieweit sich der Verbraucher in den Zustellprozess einbringen will. Er müsste beispielsweise die Landung der Drohne gewährleisten. Die KEP-Branche sieht in autonomen Lieferformen ein Einsparpotenzial von 10 %. Der Vor-und Nachlauf erfolgt durch Mitarbeiter, welche zukünftig teil- oder vollautonome Fahrzeuge und Systeme nutzen sollen. Rechtliche und politische Rahmenbedingungen aber erst noch geschaffen werden. Allerdings soll laut BIEK die Zustellung per*

*Drohnen und Roboter keinen bedeutenden Anteil der zukünftigen Sendungen ausmachen. (vgl. BIEK, 2018, S. 46-47)*

### 3.3 Paketzustellung durch Elektromobilität

Unter Elektromobilität versteht man elektrisch angetriebene Pkws, die sich unter anderem für den Einsatz in der letzten Meilen Zustellung eignen. (vgl. Jochem, 2018) Technisch unterscheidet sich das E-Fahrzeug von einem mit Verbrennungsmotor angetriebenen Auto nur hinsichtlich seines Antriebs. Die sogenannte Traktionsbatterie wird genutzt, um die Elektromotoren und übrige Verbrauche eines Pkw (wie beispielsweise Klimaanlage oder Lampen) zu versorgen (vgl. Fraunhofer-Institut für Materialfluss und Logistik IML, 2016, S. 46-48).Um bei einer Zustellung von Paketen in der letzten Meile die Feinstaubgrenzen, den Verkehr , den Lärm und die Co2 Emissionen, vor allem in Großstädten, zu entlasten wurden in den letzten Jahren verschiedene Formen von Elektromobilität entwickelt, getestet und eingesetzt.

Aus heutiger Sicht stehen verschiedene elektromotorische Antriebe zur Verfügung: Batterie-elektrische Kraftfahrzeuge, Brennstoffzellenfahrzeuge und diverse Hybridfahrzeuge. Brennstoffzellenfahrzeuge sind auf dem Markt noch nicht präsent und benötigen Wasserstoff-Tankstellen, welche nicht vorhanden sind. (vgl. BIEK, 2017, S. 36) Hybridfahrzeuge haben eine geringe elektrische Reichweite und verminderte Ladung. In Stuttgart wird der hybride Pkw von DPD und Mercedes Sprinter getestet. Da noch wenig geeignete Hyprid-Transporter oder Brennstoffzellen-Transporter von führenden Automobilherstellern angeboten werden, konzentriert sich die KEP-Branche auf Batterie-elektrische Fahrzeuge. (vgl. BIEK, 2017, S. 36) Batterie-elektrische Fahrzeuge haben nur dann einen ökologischen Lebenszyklus, wenn sie zu 100 % mit Ökostrom geladen werden. (vgl. BIEK, 2017, S. 36-38) 2012 wurde der StreetScooter (auch Lastenrad genannt) speziell für Brief- und Paketzustellungen entwickelt und zeigte sich als wirtschaftlich hinsichtlich Ausstattung, Ladekapazität und Sicherheitsstandards. Er wurde von der Deutschen Post DHL Group in Kooperation mit der StreetScooter GmbH und der Rheinisch-Westfälischen Technischen Hochschule ins Leben gerufen. Er hat eine Reichweite von 80 km und wird mit Ökostrom betrieben. Das Ladevolumen wird durch einen Behälter gewährleistet, der durch eine Abdeckung vor Regen und Diebstahl schützt. Die Nutzlast beträgt 50 kg und die Höchstgeschwindigkeit beträgt 25 km pro Stunde. (vgl. Gerdes; Heinemann, 2019, S. 411) Der Filterhersteller Mann&Hummel entwickelte einen Feinstaubfilter für den StreetScooter, um so eine vollkommene emissionsfreie Fahrt zu ermöglichen. (vgl. Gerdes; Heinemann, 2019, S. 411) Es ergeben sich weitere Einsparpotenziale für KEP-Dienste durch den Einsatz von Lastenrädern. Niedrige Investitionskosten (ca. 25% eines Dieselfahrzeuges), minimale Energiekosten, niedrige Wartungskosten sowie logistische Effizienz. (vgl. BIEK, 2017, S. 72) Dennoch ist die Herstellung von Batterie-elektrischen Pkws aufwendig. Zudem stellen die geringe Reichweite und Zuladung sowie lange Ladezeiten (vier bis acht Stunden) Nachteile dar. (vgl. BIEK, 2017, S. 36-38)

Die elektrisch angetriebenen Fahrräder wurden beispielsweise in der Stadt Stuttgart in Kooperation mit dem Fraunhofer Instituts und UPS getestet. Es wurden zwei innerstädtische Mikro-Depots in Form von Lkw Container aufgestellt. Die Sendungen wurden dort angeliefert und per Lastenrädern in die Feinverteilung transportiert. Problematisch war es bei der Platzwahl der Mikro-Depots, da wenig freie Flächen in Stuttgarter Innenstadt verfügbar sind. (vgl. Frauenhofer IAO, o.J.) DHL hat 2016 in verschiedenen Städten die Paketzustellung auf Elektrofahrzeuge umgestellt. Bundesweit sind derzeit 2.500 E-Fahrzeuge im Einsatz, die 7.500 Tonnen $CO_2$ jährlich einsparen. Außerdem haben sie sich zum Ziel gesetzt die logistikbezogenen Emissionen bis 2025 auf null zu reduzieren. (vgl. DHL, o.J.) Kunden legen Wert auf eine umweltbewusste Zustellung. (vgl. MetaPack, 2017, S. 13) Der Einsatz von Elektromobilität in der letzten Meile kann eine Chance sein, um Verbraucher und andere Stakeholder wie beispielsweise Politik oder Stadt gerecht zu werden.

### 3.4 Paketbox Belieferung

„Die Paketbox ist wie der Briefkasten nur für Pakete" (vgl. DHL, o.J.). Es gibt verschiedene Formen von Boxsystemen, weshalb hier unterschieden wird. DHL verfügt über deutschlandweite Paketstationen und Paketboxen. Die Paketstation wird durch ein Schließfachsystem gesteuert, wodurch der Kunde seine Sendung durch das einlösen eines PINS abholen kann. Paketboxen stehen an öffentlichen Straßen und stehen zur Versendung von Paketen und zur Aufgabe von Retouren zur Verfügung (vgl. DHL, o.J.)

Die in dieser Arbeit behandelte Paketbox oder auch Paketkasten kann unabhängig von einem Logistikunternehmen genutzt werden. Verbraucher können diese neben ihre Haustüre installieren. (vgl. DPD, o.J.) Führender Anbieter ist das Unternehmen Parcellock. Sie vertreiben Paketkästen in verschiedenen Größen und Farben von ausgewählten Herstellern. Sie vertreiben Einzelkästen bis hin zu Lösungen für Mehrfamilienhäuser. Für die Bedienung des Kastens hat Parcellock eine App entwickelt. Der Kunde den Sendungseingang und die Retouren Aufgabe steuern. TANs ermöglichen dem Zusteller einen limitieren Zugriff in das Schließfachsystem. (vgl. Parcellock, o.J.) Zustellunternehmen wie DHL oder Hermes kooperieren mit Parcellock. Auf dem Markt haben andere Anbieter ähnliche Konzepte ins Leben gerufen. Beispielsweise entwickelte das Unternehmen Paketsafe einen gefalteten Packetkasten. Er besteht aus Nylon-Textil und besitzt ein integriertes Edelstahl-Maschennetz. Außerdem ist eine Wandhalterung und Deckel befestigt mit der man den Paketkasten am Zaun oder neben der Haustüre befestigen kann. Der Kunde muss für die Belieferung in den Kasten eine Abstellerlaubnis gegenüber dem Zustelldienst genehmigen. (vgl. Paketsafe, o.J.)

Laut BIEK Studie sind die schließsystembasierten Paketboxen nachhaltige Zustellalternativen, welche unnötigen Verkehr vermeiden und Erstzustellquoten erhöhen. Für Same-Day- und Food-Delivery können sie eine große Chance darstellen. Es muss noch Akzeptanz für teilnehmende KEP-Dienste und Verbraucher geschaffen werden. (vgl. BIEK, 2017, S. 91) Die Paketbox Belieferung bringt für den Kunden und für Zusteller einen Mehrwert. Verbraucher können unabhängig von ihrer Anwesenheit Pakete empfangen und zurück schicken. Dennoch ist noch fragwürdig, ob die Anschaffungskosten von Kunden Akzeptanz finden.

## 3.5 Belieferung durch Crowd delivery

Crowd delivery oder auch Crowd shipping genannt ist eine Form der Sharing Economy. Über Vermittlungsplattformen können Güter und Dienstleistungen zur Verfügung gestellt und bezogen werden. Nicht nur etablierte Unternehmen wie Airbnb und Uber haben von der Geschäftsidee und dem Marktpotenzial profitiert, sondern auch einige deutsche Unternehmen. (vgl. Steinmetz, 2019, S. 229) Die Sharing Economy etabliert sich als neue Wirtschaftform mit dem Grundsatz des Teilens. Durch die wachsende Nachhaltigkeitsbewegung steigt die Bedeutung von Geschäftsmodellen mit effizienter Verwertung und Nutzung von Ressourcen. (vgl. Steinmetz, 2019, S. 230) Die Zielgruppe stellt vor allem jüngere Menschen dar. In einer Pwc Studie zum Nutzverhalten von Sharing-Economy-Angeboten gaben die meisten der unter 30-jährigen (82%) an, schon einmal so ein Angebot genutzt zu haben. Bei den über 60-jährigen nutzte nur 27 % schon einmal ein Sharing-Economy-Angebot. Laut Pwc ist der Hauptvorteil des Sharing Modells ein besserer Preis für die gleiche Leistung. (vgl. Pwc, 2015,S. 2-7) Als Anlass für die Nutzung sind rationale und emotionale Aspekte von Bedeutung. Umweltbewusstsein und Kostenvorteile stellen rationale Motive dar. Das Gefühl zu helfen, Verantwortungsbewusst zu handeln oder das Gemeinschaftsgefühl zählen zu den emotionalen Beweggründen. (vgl. Steinmetz, 2019, S. 230)

Crowd delivery kann möglicherweise in Zukunft als Share-Economy-Modell in der Logistik der letzten Meile eingesetzt werden. Angebote und Nachfrage über Logistikdienstleistungen werden auf Online-Plattformen dargeboten. (vgl. Wegner, 2019, S. 289) Privatpersonen befördern Sendungen auf Strecken, die sie sowieso zurücklegen. Also beispielsweise auf dem Weg zur Arbeit oder in den Urlaub. (vgl. Tripp, 2019, S.265) Als Paketzusteller sind Privatpersonen tätig und bekommen eine Entlohnung für den durchgeführten Transport. (vgl. Wegner, 2019, S. 289) Start-ups wie „Sennder" und „Packator" bieten bereits diese Zustellform an. Ebenso hat Amazon eine Plattform namens „On my Way" ins Leben gerufen. Gegen einen niedrigen Lohn sollen private Zusteller eingesetzt werden. Amazon will dadurch eine schnellere Lieferung ermöglichen und Kosten sparen. Haftungsfragen, Datenschutz und die Zwischenlagerung der Sendungen sind noch umstritten. (vgl. Wegner, 2019, S. 289) Die Plattform „livery" verfolgt ein ähnliches Konzept. Lifery ist in 50 Städten deutschlandweit vertreten und verfügt über ein großes Netzwerk bestehend aus Kurieren und Paketboten. Privat Personen können sich für einen Nebenjob, Werkstudentenjob oder als Subunternehmer bewerben. Vor allem Same Day Deliverys werden durch die livery Plattform realisiert. (vgl. livery, o.J.) Das Sharing-Modell hat klare ökologische Vorteile. Da die Pakete auf Strecken transportiert werden, welche sowieso von den privaten Kurieren befahren werden, können beispielsweise Abgase eingespart werden. (vgl. Steinmetz, 2019, S. 241) Crowd shipping hat sich in Deutschland als Zustellkonzept noch nicht etabliert. Die Komplexität der technischen Umsetzung sowie die fehlende unternehmerische Bereitschaft stellen noch Herausforderungen dar. (vgl. Gerdes; Heinemann, 2019, S.416)

Vor allem umweltbewusste Verbraucher könnten Crowd delivery als alternative Zustellvariante nutzen. Der niedrige Preis und das Gemeinschaftsgefühl könnten auch dafür sprechen. Bedenken hinsichtlich der Qualität und Sicherheit der Sendung könnten jedoch zur Ablehnung führen. (vgl. Steinmetz, 2019, S. 240) Laut BIEK bietet Crowd delivery keinen Mehrwert für die deutsche KEP-Branche. Soziale Standards und fließende Grenzen zum Geschäftsmodell des selbstständigen Paketboten stellen kritische Aspekte dar. (vgl. BIEK, 2017, S. 84) Die geringe Kundenbeständigkeit kann auch zum Nachteil werden. Es muss eine große Kundengruppe mitmachen, damit das Modell funktioniert. (vgl. Steinmetz, 2019, S. 240)

## 3.6 Zusammenfassung, Ziele und Hypothesen für die Datenerhebung

In der folgenden Tabelle ist der zuvor erörterte Inhalt komprimiert dargestellt. Sie enthält die relevantesten Gründe für und gegen die Nutzung von innovativen Zustellkonzepten aus Kundensicht. Außerdem werden mögliche Vor- und Nachteile für KEP-Dienste aufgezeigt und mögliche Megatrends sowie Zielgruppen den einzelnen Zustellkonzepten zugeordnet.

Da das Forschungsgebiet in der Literatur bisher selten untersucht ist, handelt es sich um eine explorative quantitative Studie. Ziel ist es den Forschungsgegenstand besser zu beschreiben und die Hypothesen- bzw. Theoriebildung anzutreiben. Für die Untersuchung müssen deshalb viele verschiedene Variablen erarbeitet werden. (vgl. Döring; Bortz, 2016, S.192) Für die vorliegende Studie wurden Variablen gesucht, welche dazu dienen innovative Zustellkonzepte aus Kundensicht zu bewerten. Im nächsten Kapitel wird auf diesen Inhalt näher eingegangen.

Um eine Verbindung zwischen Theorie und Empirie zu schaffen werden vor der Datenerhebung Hypothesen formuliert und basierend auf den Ergebnissen der Datenerhebung geprüft. Die Hypothesen lauten wie folgt:

*(1) Hypothese*: Die Kofferraumzustellung wird von den Befragten nicht akzeptiert, da das Konzept ein Eingriff in die Privatsphäre ist.

*(2) Hypothese:* Die Drohnen- und Roboterzustellung wird von den Befragten als positiv bewertet, da das Konzept ein spannendes Einkaufserlebnis ist.

*(3) Hypothese:* Die Zustellung durch Elektromobilität wird von den Befragten akzeptiert, da das Konzept umweltfreundliche ist.

*(4) Hypothese:* Die Paketbox Belieferung wird von den Befragten als positiv bewertet, da der Paketempfang unabhängig von der Anwesenheit des Zustellers erfolgt.

*(5) Hypothese:* Crowd delivery wird von den Befragten akzeptiert, da das Konzept umweltfreundlich ist.

| Innovatives Zustell-konzept | Mögliche Gründe für die Nutzung aus Kundensicht | Mögliche Gründe gegen die Nutzung aus Kundensicht | Mögliche Vorteile und Nachteile für KEP-Dienste | Möglicher Einfluss durch Megatrend | Mögliche Zielgruppe |
|---|---|---|---|---|---|
| Kofferraum-zustellung | Unabhängigkeit Retouren Aufgabe Lieferoptionen Einkaufserlebnis | Anschaffungskosten Privatsphäre Kein persönlicher Kontakt Zu aufwändig | Investition in IT Tourenplanung Kosteneinsparpotenzial | Individualisierung Digitalisierung Urbanisierung | Millennials Generation Z |
| Drohnen- und Roboterzustellung | schnelle Belieferung Lieferoptionen Einkaufserlebnis | Technische Risiken Privatsphäre Zu aufwändig Kein persönlicher Kontakt Zusatzkosten | Gesetze Technische Risiken Kosteneinsparpotenzial | Digitalisierung Urbanisierung Individualisierung | Generation Z |
| Belieferung durch Elektromobilität | Umweltfreundlich persönlicher Kontakt | Zusatzkosten Zustellung dauert zu lange | Zustelleffizienz Hoher Personalbedarf Anschaffungskosten | Urbanisierung Nachhaltigkeit Digitalisierung | LOHAS Millennials |
| Paketbox Belieferung | Unabhängigkeit Retouren Aufgabe Lieferoptionen | Anschaffungskosten Zu aufwändig Kein persönlicher Kontakt Privatsphäre | Zustelleffizienz Kosten für IT | Nachhaltigkeit Digitalisierung | Millennials |
| Zustellung durch Crowd delivery | Umweltfreundlich Kostenvorteile persönlicher Kontakt Einkaufserlebnis | Technische Risiken Qualität und Sicherheit der Sendung Zu aufwändig | hohe Kosten für IT Abhängigkeit von Mitgliedern Komplexität und hoher Aufwand | Nachhaltigkeit Digitalisierung Urbanisierung | LOHAS Millennials |

Tabelle 1: Komprimierte Darstellung der Inhalte

Quelle: Eigene Darstellung

# 4 Empirische Analyse mittels Online Fragebogen

In diesem Kapitel wird die Durchführung der quantitativen Studie näher beschrieben. Nach der Begründung der Methodik und dem Untersuchungsaufbau werden Informationen über die Operationalisierung vorgestellt. Anschließend wird die Fragebogenkonstruktion erörtert. Dazu werden die Vor- und Nachteile, der Aufbau, das Layout, die Skalenniveaus sowie die Fragetypen beleuchtet. Abschließend wird auf den Fragebogenrücklauf eingegangen.

## 4.1 Begründung der Methodik und Untersuchungsaufbau

Da die Bewertung innovativer Zustellkonzepte aus Kundensicht bisher noch kaum erforscht worden ist, soll diese Forschungsfrage mithilfe quantitativer Forschung in dieser Arbeit untersucht werden. Der quantitative Forschungsansatz beabsichtigt die Überprüfung von theoretisch erarbeiteten Hypothesen und arbeitet mit standardisierten Datenerhebungsinstrumenten. Außerdem zielt sie auf die Weiterentwicklung von Theorien hinaus. (vgl. Döring; Bortz, 2016, S.184) Nach zugrunde liegenden Erkenntnisinteressen lässt sich die explorative Studie für die vorliegende Arbeit ableiten. Aufgrund der offenen Forschungsfrage werden unterschiedliche Aspekte eines Themas beleuchtet und hinterher differenziert interpretiert. (vgl. Döring; Bortz, 2016, S.192) Als Datenerhebungsinstrument wurde ein standardisierter Online Fragebogen erstellt. Vollstandardisierte Fragebögen stellen die Grundlage der quantitativen Umfrageforschung dar (vgl. Döring; Bortz, 2016, S. 405). Online Fragebögen haben gegenüber dem schriftlichen Fragebogen den Vorteil, dass Bilder, Audio- und Videoelemente einbezogen werden können. (vgl. Döring; Bortz, 2016, S. 409) Außerdem können durch die standardisierte Umfrage Einstellungen und Meinungen abgefragt werden. (vgl. Funck; Lubzyk; Pekrun; Reinhardt, 2017, S. 56) Ein Nachteil ist die Repräsentativität von Online-Umfragen. Es können nur Personen mit Internetzugang erreicht werden. (vgl. Döring; Bortz, 2016, S. 412) Ein weiterer Nachteil ist die niedrige Rücklaufquote. Da die Anzahl an Online-Umfragen im Internet wächst und es dadurch zu einer Übersättigung kommt, werden oftmals Antworten verweigert oder die Befragung abgebrochen. (vgl. Döring; Bortz, 2016, S. 412)

Zuerst wurde die Stichprobenerhebung untersucht. Die Datenerhebung wurde mit dem Befragungsserver „soscisurvey" durchgeführt. Während das grobe Konzept erstellt wurde, konnten auf Basis der Theorie erste Variablen erarbeitet werden. Nachdem das Skalenniveau, die Fragentypen sowie das Layout feststanden, wurde das Fein Konzept erstellt. Schließlich fand ein Pre-Test mit zwei ausgewählten

Personen statt. Nachdem die Anmerkungen aus dem Pre-Test verarbeitet wurden, wurde die Online Befragung via. Link auf Social Media Plattformen veröffentlicht. Der Rücklauf wurde während des gesamten Befragungszeitraums verfolgt. Zwei Wochen nach der Veröffentlichung wurde der Bearbeitungszeitraum verlängert, da eine geringe Rücklaufquote beobachtet wurde.

## 4.2 Operationalisierung

Die Wahl der messbaren Variablen hängt von den Forschungsfragen bzw. Forschungshypothesen ab (vgl. Döring; Bortz, 2016, S.222). Sie werden auf Basis der theoretischen Grundlagen entwickelt und dienen als Ausgangspunkt für die empirische Studie. (vgl. Funck; Lubzyk; Pekrun; Reinhardt, 2017, S. 70) In der quantitativen Forschung lassen hinsichtlich der Ausprägung zwei Variablen Typen unterscheiden. Die stetige Variable hat unendlich viele Ausprägungen (z.b. Intelligenz) und die diskrete Variable kann nur wenige Werte annehmen (z.b. Automarke). (vgl. Döring; Bortz, 2016, S.224)

Außerdem kann eine Variable bzw. ein Merkmal sich hinsichtlich des theoretischen Gehalts sowie der Messbarkeit unterscheiden. Die manifeste Variable ist unmittelbar in ihrer Ausprägung beobachtbar. Ihre theoretische Bedeutung ist eindeutig, unstrittig und bekannt (z.b. Wohnort oder Alter). (vgl. Döring; Bortz, 2016, S.224) Die latente Variable ist nicht unmittelbar beobachtbar. Ihre theoretische Bedeutung ist komplex und bedarf an Erklärung (z.b. Eifersucht oder Aggressivität). (vgl. Döring; Bortz, 2016, S.224) In der vorliegenden Studie sind diskrete und manifeste Variablen vor allem im soziodemografischen Teil eingesetzt worden. Im Hauptteil der Untersuchung finden sowohl latente als auch manifeste Verwendung. Die einzelne Zuordnung wird im Folgenden näher betrachtet.

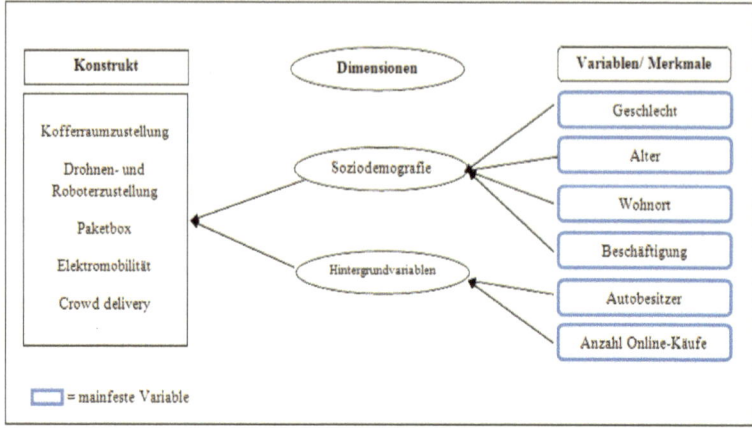

Abbildung 1.3: Strukturbaum zur Veranschaulichung der Operationalisierung Teil 1
Quelle: Eigene Darstellung in Anlehnung an Funck; Lubzyk; Pekrun; Reinhardt, 2017, S. 70

Anhand der Strukturierung wird veranschaulicht, welche Merkmale zu den sozio-demografischen Fragen und zu den Hintergrundvariablen gehören. Sie wurden in der Einleitung des Fragebogens an die Teilnehmer gestellt. Die Variablen sind alle manifest, da sie eindeutig definiert werden können (z.B. Autobesitzer: ja oder nein) Die Abfrage nach dem Wohnort soll später in Verbindung mit dem ausgewählten Zustellkonzept gebracht werden. Es soll herausgefunden werden, ob Menschen in Städten die Zustellkonzepte anders beurteilen als die, die auf dem Land leben. Die Frage, ob der Teilnehmer ein Autobesitzer ist, ist auf die Kofferraumzustellung zurück zu führen. Falls beispielsweise ein Großteil der Teilnehmer keine Auto Besitzer sind und die Kofferraumzustellung als Konzept kein Zuspruch bekommt, könnte dieser eine möglicher Grund sein. Die Abfrage nach der Anzahl der Online-Käufe ist notwendig, um herauszufinden, ob die Teilnehmer viel online einkaufen und somit in Kontakt mit Zustellkonzepten kommen. Der zweite Strukturbaum be-inhaltet alle im Hauptteil abgefragten Variablen und ist aufgeteilt in die Dimensio-nen: Nachhaltigkeit, Sicherheit, Service und Kosten. Es lassen sich latente und ma-nifeste Variablen unterscheiden.

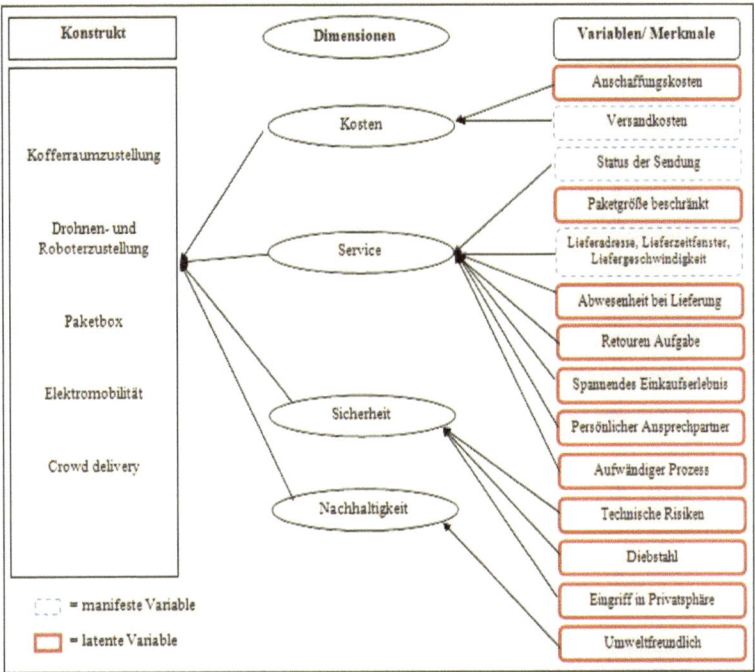

Abbildung 1.4: Strukturbaum zur Veranschaulichung der Operationalisierung Teil 2
Quelle: Eigene Darstellung in Anlehnung an Funck; Lubzyk; Pekrun; Reinhardt, 2017, S. 70

Die Unterscheidung der Variablen in manifest und latent ist hier nicht eindeutig zuordenbar. Da die meisten Merkmale keine eindeutige theoretische Bedeutung haben und nicht unmittelbar beobachtbar sind, gehören sie zu den latenten Variablen. Die Merkmale Versandkosten, Status der Sendung und Lieferoptionen (Liefergeschwindigkeit, Auswahl von Lieferort und Lieferadresse) basieren auf Ergebnissen von unterschiedlichen Studien, weshalb sie zum Teil zu den manifesten Variablen zählen können. Laut der repräsentativen Studie von MetaPack und von Pwc sind diese Merkmale wichtig für Verbraucher und sind somit in ihrer theoretischen Bedeutung bekannt. Auf der Suche nach geeigneten Variablen war es vor allem wichtig, die Perspektive des Kunden einzunehmen. Es sollten Aspekte gefunden werden, welche der Kunde in Betracht zieht, wenn er sich für oder gegen ein innovatives Zustellkonzept entscheidet.

Die Operationalisierung ist in vier Dimensionen unterteilt: Kosten, Service, Sicherheit und Nachhaltigkeit. Jedes Zustellkonzept wurde auf Basis der vier Dimensionen abgefragt. Dafür wurden die Merkmale die für ein Zustellkonzept sprechen getrennt von den Merkmalen die gegen die Nutzung sprechen. Daraus entstanden zwei Fragetypen. Die Frage nach der wahrscheinlichen Nutzung und die dafür vorhergesehenen Antwortmöglichkeiten und die Frage nach Bedenken mit entsprechenden Antwortmöglichkeiten. Aufgrund des Aufbaus ist eine Vergleichbarkeit der Zustellkonzepte in der späteren Auswertung möglich. Allerdings hat nicht jedes Zustellkonzept dieselbe Antwortmöglichkeit. Da beispielsweise die Kofferraumzustellung die Retouren Aufgabe als Service anbietet, während die Belieferung durch Elektromobilität diesen Service nicht anbietet. Bei der Drohnenzustellung oder Paketbox Belieferung ist kein persönlicher Ansprechpartner vorhanden, während bei Crowd delivery oder der Zustellung durch Elektromobilität persönliche Kuriere für die Übergabe der Pakete zuständig sind.

Die Dimension Kosten besteht aus den Merkmalen Versandkosten und Anschaffungskosten. Ob die Versandkosten für die Auswahl von einem Zustellkonzept eine Rolle spielt, wurde für jedes Zustellkonzept abgefragt. Die Variable Anschaffungskosten wurde nur für die Kofferraumzustellung sowie Paketbox abgefragt.

Die Dimension Service besteht aus den Merkmalen: Status der Sendung, Paketgröße beschränkt, Lieferoptionen, Abwesenheit bei Lieferung, Retouren Aufgabe, spannendes Einkaufserlebnis, persönlicher Ansprechpartner und aufwändiger Prozess. Die Sendungsverfolgung wurde nicht für jedes einzelne Konzept abgefragt, da dieser Service bereits etabliert ist. Ob eine beschränkte Paketgröße ein Auswahlkriterium für eine Auslieferungsform ist wurde für alle Konzepte abgefragt, ausgenommen der Zustellung durch Elektromobilität. Die Lieferoption und das Einkaufserlebnis wurden für jedes Konzept abgefragt. Die Merkmale Abwesenheit bei Lieferung und Retouren Aufgabe wurde nur für die Zustellkonzepte Paketbox und Kofferraumzustellung abgefragt. Ob ein persönlicher Ansprechpartner fehlt wurde für die Konzepte abgefragt, welche eine indirekte Auslieferungsform darstellen (Kofferraumzustellung, Drohnen- und Roboterzustellung und Paketbox). Die Variable aufwändiger Prozess wurde für alle Konzepte, außer für die Belieferung durch Elektrofahrzeuge, abgefragt. Die Dimension Sicherheit besteht aus den Merkmalen: technische Risiken, Diebstahl und Eingriff in die Privatsphäre. Ob Kunden Bedenken hinsichtlich technischer Probleme haben wurde für das Konzept Paketbox und Drohnen- und Roboterzustellung abgefragt. Das Merkmal Diebstahl wurde für die Drohnen- und Roboterzustellung, Paketbox sowie Crowd delivery abgefragt. Ob eine Belieferungsform zu stark in die Privatsphäre eingreift wurde für alle Konzepte, ausgenommen der Zustellung durch Elektromobilität,

abgefragt. Die Dimension Nachhaltigkeit besteht aus dem Merkmal Umweltfreundlichkeit. Dieses Merkmal wurde für alle Zustellkonzepte eingesetzt, um herauszufinden, ob die Befragten die Zustellkonzepte als umweltfreundlich empfinden.

## 4.3 Stichprobenziehung

Die Zielgruppe für die Befragung sind Online-Käufer. Dazu wurde eine Studie von
VuMa (Verbrauchs- und Medienanalyse Touchpoints) in Kooperation mit Statista
herangezogen. Untersucht wurde der Anteil an Online-Käufern in Deutschland, die
mindestens einmal im Monat im Internet bestellen, nach Alter. (vgl. Statista, 2018)
Die Altersgruppen 20 bis 29 und 30 bis 39 haben den größten Anteil von jeweils
22,6 %. 14 bis 19-Jährigen hingegen haben nur einen Anteil von 6,7 %. Die Altersgruppe 40 bis 49 hat einen Anteil von 20,2 % und die 50 bis 59-Jährigen einen Anteil von 17,2 %. Die restlichen 10,6 % sind den 60-Jährigen und älter geschuldet.
(vgl. Statista, 2018) In die Untersuchungsstichprobe zählen vor allem die 20 bis 39-
Jährigen, da diese den größten Anteil am Online-Kauf ausmachen. Um eine Repräsentativität für die Studie zu erreichen muss eine Gewichtung der Altersgruppen
eingehaltenwerden. Wenn beispielsweise die Altersgruppe der 14 bis 19-Jährigen
weniger in der Stichprobe enthalten sind, als in der Grundgesamtheit, muss eine
entsprechende Gewichtung vorgenommen werden. Durch den Ausgleich kann die
Altersgruppe dann mehr zählen und auf die Grundgesamtheit geschlossen werden.
(vgl. wpgs, o.J.) Es handelt sich um eine nicht-probabilistische Stichprobe. Darunter
fällt die Gelegenheitsstichprobe, welche auf eine willkürliche Auswahl von Fällen
basiert. Dieser Stichprobentyp wird häufig in der akademischen Forschung verwendet. Es wurden also willkürlich Teilnehmer ausgewählt. (vgl. Döring; Bortz,
2016, S. 305)

## 4.4 Fragebogenkonstruktion

Der Online-Fragebogen ist wie folgt aufgebaut: Fragebogentitel, Fragebogeninstruktion, inhaltliche Frageblöcke, Fragebogen Feedback und Verabschiedung. (vgl.
Döring; Bortz, 2016, S. 406) Der Fragebogentitel soll die Zielgruppe positiv anspre-
chen und einen Anhaltspunkt zum Thema widergeben. Außerdem soll er motivie-
ren und nicht zu viel Inhalt verraten. In diesem Fall hieß der Fragebogen: Bewertung innovativer Zustellkonzepte. Die Fragebogeninstruktion stellt eine Einführung dar und soll den Ablauf erklären. Sie soll den Befragungspersonen Zielsetzung
und Relevanz der Studie näher bringen. In der vorliegenden Studie sollte das Interesse des Befragten durch eine rhetorische Frage geweckt werden. Diese lautet wie

folgt: „Du hast schon mal online eingekauft und auf den Paketzusteller gewartet? Das kann sich bald ändern! Es werden neue Zustellkonzepte entwickelt und getestet, um die Zustellung von Paketen zu revolutionieren." (vgl. Döring; Bortz, 2016, S. 406) Außerdem wurde in der Instruktion erwähnt, wie der Fragebogen aufgebaut ist. Auf die Teilnahmedauer, Bearbeitungszeitraum, Freiwilligkeit und Anonymität wurde ebenso hingewiesen. Für die Beantwortung des Online-Fragebogens wurde eine Bearbeitungsdauer von ca. sechs Minuten angegeben

Inhaltlich wurden zwei Frageblöcke erstellt. Im ersten Frageblock wurden Fragen zur Soziodemografie und Hintergrundvariablen gestellt. Der erste Block diente als Einstieg. Im zweiten Frageblock wurden die Zustellkonzepte einzeln beschrieben und abgefragt. Da sie größtenteils unbekannt für Verbraucher sind, bestand die Notwendigkeit die Befragten aufzuklären. Mithilfe von Zwischenüberschriften, Bildern und Beschreibungen sowie weiterführenden Links konnte sich der Befragte ein Bild machen. Die Beschreibung wurde in „du" Form geschrieben, um den Teilnehmer direkt anzusprechen. Außerdem konnte sich so der Teilnehmer besser hineinversetzen. Beispielsweise wurde die Zustellung durch Elektromobilität wie folgt beschrieben: „Die Zustellung deines online bestellten Paketes wird anstatt eines herkömmlichen Fahrzeugs durch ein umweltfreundliches ersetzt." Dabei war es wichtig keine Adjektive zu benutzen, um das Güterkriterium der Reliabilität nicht abzuwerten. Die Beschreibung wurde objektiv, aber trotzdem spannend formuliert. Die Bilder wurden eingesetzt, um die Konzepte zu veranschaulichen. Zudem wurde für jedes Konzept ein weiterführender Link eingesetzt. Der Link führte entweder auf eine Webseite, in der die Zustellform nochmals ausführlich beschrieben wurde oder zu einem YouTube Video. Die Verabschiedung sowie das Fragebogen Feedback wurden auf der letzten Seite platziert. Es wurde für die Teilnahme gedankt und eine E-Mail Adresse für ein Feedback angegeben.

Die Layout Farbe wurde in blauer Farbe gehalten. Wichtige Begriffe wurden fett hervorgehoben, um die Lesbarkeit zu vereinfachen. Außerdem konnte sich der Leser dadurch schneller und übersichtlicher durchlesen. Das Layout des Fragebogens sollte ansprechend sein, da es dadurch professioneller wirkt und stärker akzeptiert wird. Bei Online-Fragebögen muss vor allem die Usability geprüft werden. (vgl. Döring; Bortz, 2016, S. 409) Durch den Pre-Test konnte die Usability getestet werden, in dem die Versuchsperson den Fragebogen auf verschiedenen Medien (Laptop und Smartphone) öffnete. Die Bilder waren in guter Qualität sichtbar und die weiterführenden Links konnten ohne Probleme geöffnet werden. Durch die Ergebnisse des Pre-Tests konnten noch weitere Verbesserungen vorgenommen werden. Zum einen wurde die Bilder Wahl geändert, da nicht alle Bilder aussagekräftig genug waren. Zum anderen wurden die Texte, welche die Konzepte beschrieben inhaltlich optimiert.

Der Fragebogen besteht aus geschlossenen Fragen (Items mit Antwortmöglichkeiten), die zum beantworten anzukreuzen sind. Die Antwortmöglichkeiten für die Verhaltensvariablen Soziodemografie und Hintergrundvariablen wurden nominalskaliert. Die Nominalskala wurde verwendet, da die Ausprägungen der Variablen exakt definiert werden können, Variablen sich gegenseitig ausschließen und die Ausprägung das Merkmal erschöpfend beschreibt. Beispielsweise wurde nach der Art der Beschäftigung gefragt und folgende Antwortmöglichkeiten wurden vorgegeben: Schüler/in, In Ausbildung, Student /in, Angestellte /r, Beamte /r, Selbstständig oder Arbeitslos /Arbeits suchend. Alle Beschäftigungen sind genau definiert und schließen sich gegenseitig aus. Durch die Nominalskala können Aussagen bezüglich der Gleichheit bzw. Verschiedenheit getroffen werden (vgl. Döring; Bortz, 2016, S. 238) Der Hauptteil des Online-Fragebogens wurde intervallskaliert. Die Intervallskala wurde verwendet um Einstellung bzw. Erlebens- und Verhaltensweisen der Teilnehmer in ihrem Ausprägungsgrad auf der Ratingskala einzustufen. (vgl. Döring; Bortz, 2016, S. 244) Es wurde eine verbalisierte Skala verwendet mit folgenden Auswahlmöglichkeiten: stimmt gar nicht, stimmt wenig, stimmt teilsteils, stimmt ziemlich, stimmt völlig. Es wurde eine ungerade Stufenanzahl gewählt, um für Teilnehmer, die unwissend und unsicher sind, eine Antwortmöglichkeit zu bieten. Da das Themenfeld noch nicht etabliert ist und viele Inhalte für einige Befragte noch unbekannt sein kann, war es wichtig Unwissenheit oder Unsicherheit der Teilnehmer zu erfassen und zu bewerten.

Geschlossene Fragen werden am häufigsten bei standardisierten Fragebögen eingesetzt und haben den Vorteil, dass sie schnell vom Teilnehmer abzuarbeiten sind. Nachteile können sich ergeben, wenn sich Befragungspersonen nicht in vorgegeben Antwortmöglichkeiten wiederfinden. Da es sich um ein noch nicht etabliertes Thema handelt, machten geschlossene Fragen mit vorgegebenen Antwortkategorien am meisten Sinn. (vgl. Porst, 2014, S. 55)

## 4.5 Fragebogenrücklauf

Der Online-Fragebogen wurde am 2. Mai veröffentlicht. Der Bearbeitungszeitraum betrug vier Wochen. Der Online-Fragebogen Link wurde vor allem via Social Media verbreitet. Zudem wurde er auf dem Online Portal „SurveyCircle" veröffentlicht. Dieses Portal veröffentlicht Umfragen von Studenten, um ihnen bei der Verbreitung von Studien zu helfen. Die folgende Abbildung stellt die Rücklaufstatistik dar.

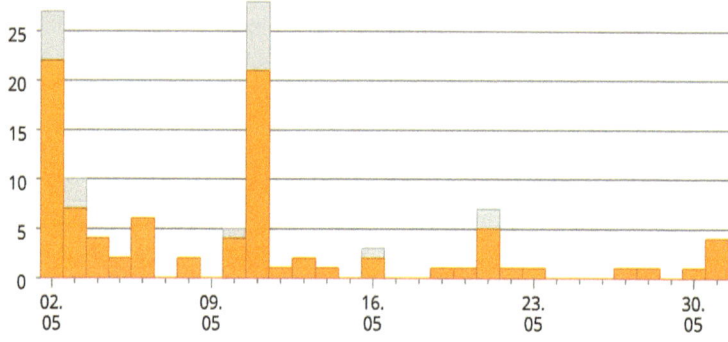

Abbildung 1.5: Fragebogenrücklaufstatistik
Quelle: Soscisurvey, 2019

Die Rücklaufquote war vor allem am Tag der Veröffentlichung hoch. Nach einer Woche wurde nochmal auf den Fragebogen aufmerksam gemacht, wodurch der Rücklauf wieder stieg.

# 5 Darstellung und Interpretation der Ergebnisse

In diesem Kapitel werden die Ergebnisse der quantitativen Untersuchung, basierend auf den Operationalisierungsmodellen, präsentiert. Unterschieden wird die Auswertung der soziodemografischen Daten und die Auswertung der Zustellkonzepte. Als Grundlage der Auswertung liegen n= 90 Teilnehmer vor. Die Auswertung wurde mittels Excel durchgeführt.

## 5.1 Auswertung der sozidemografischen Daten

In der folgenden Abbildung wird die prozentuale Verteilung nach Geschlecht dargestellt.

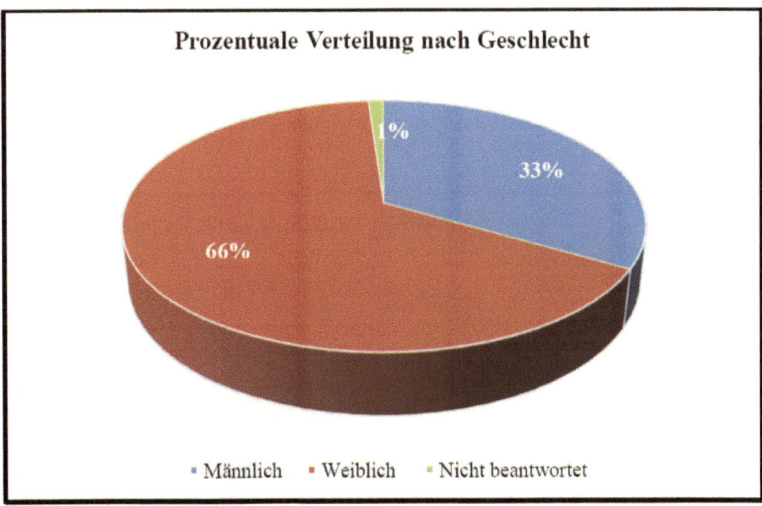

Abbildung 1.6: Prozentuale Verteilung nach Geschlecht
Quelle: Eigene Darstellung

Unter den 90 Teilnehmern waren 66 % weiblich und 33 % männlich. Eine Person hat keine Antwort abgegeben.

In der folgenden Abbildung wird die prozentuale Verteilung der Altersgruppen dargestellt. Die Verteilung wurde auf Basis der Statistik, welche in dem Kapitel Stichprobenziehung erwähnt wurde, angefertigt. Knapp die Hälfte der Befragten gehört der Altersgruppe zwischen 20 bis 29 Jahren an. Am zweithäufigsten waren die 14 bis 19-Jährigen mit einem Anteil von 20 % an der Online Befragung vertreten. Die Altersgruppe zwischen 30 bis 39 hatte nur einen Anteil von 15 %. Die Altersgruppen 50 plus und 40 bis 49 hatten mit 8 % und 9% die geringsten Anteile.

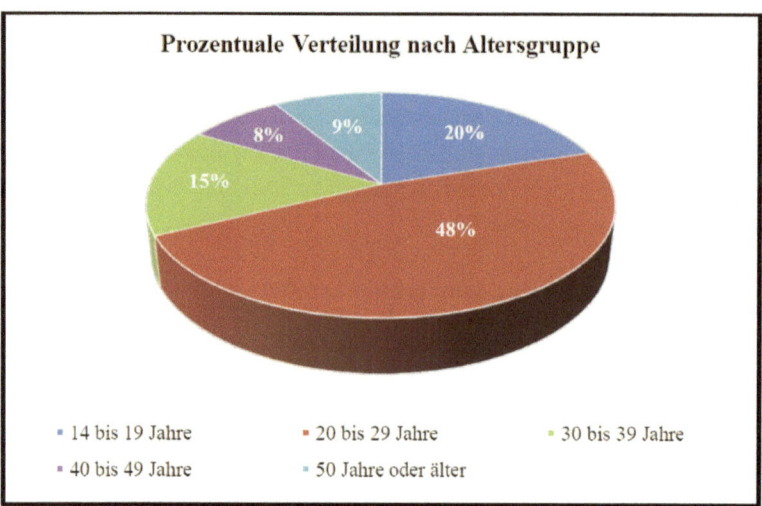

Abbildung 1.7: Prozentuale Verteilung nach Altersgruppe
Quelle: Eigene Darstellung

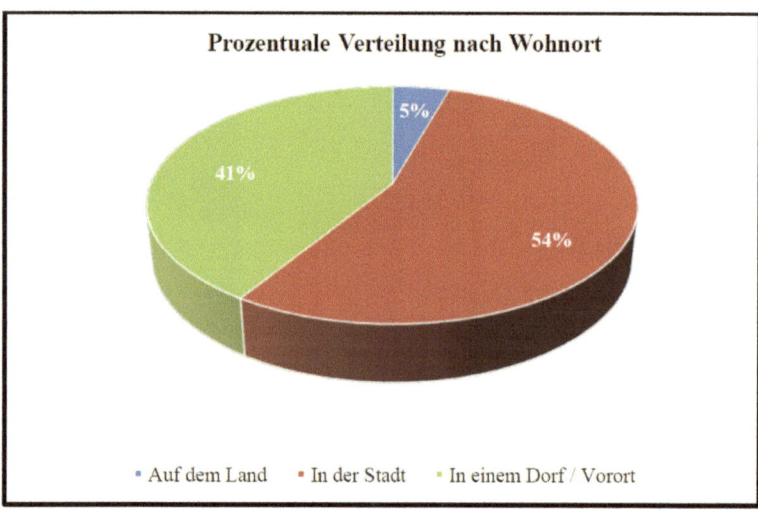

Abbildung 1.8: Prozentuale Verteilung nach Wohnort
Quelle: Eigene Darstellung

In Abbildung 1.8 ist die Prozentuale Verteilung nach Wohnort abgebildet. Über die Hälfte der Befragten leben in einer Stadt. 41 % der Teilnehmer leben in einem Dorf bzw. Vorort und nur 5 % leben auf dem Land.

Im weiteren Verlauf der Auswertung soll herausgearbeitet werden, ob Teilnehmer, die in der Stadt oder auf dem Land leben andere Präferenzen hinsichtlich Zustellkonzepten haben.

Abbildung 1.9: Prozentuale Verteilung nach Online-Shopping Häufigkeit
Quelle: Eigene Darstellung

61% der Teilnehmer gaben an, dass sie ein bis drei Mal im Monat online einkaufen. Da über die Hälfte der Befragten regelmäßig monatlich online einkauft, ist der Berührungspunkt der meisten Teilnehmer hinsichtlich Paketzustellungen hoch. Unter die 61 % fallen vor allem die Altersgruppen zwischen 20 bis 29 Jahren. Allerdings sind alle anderen Altersgruppen auch vertreten. Viermal oder öfter im Jahr kaufen 31 % der Teilnehmer ein. Und 8 % kauft sogar wöchentlich oder öfter ein. Diese 8 % sind vorwiegend zwischen 20 bis 29 Jahre alt und leben in der Stadt.

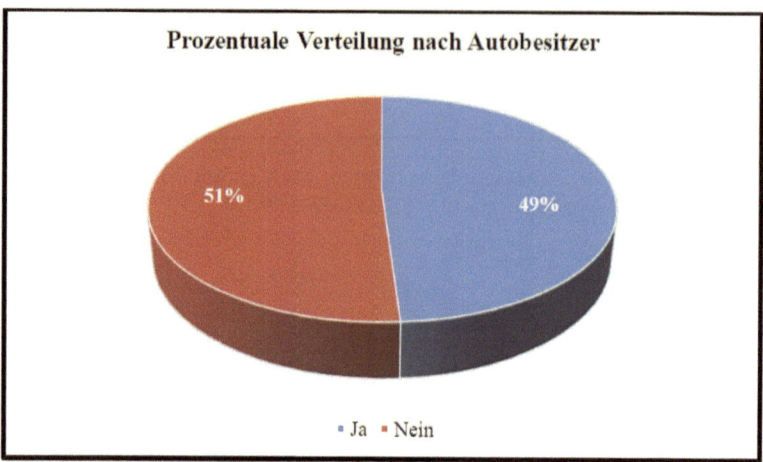

Abbildung 1.10: Prozentuale Verteilung nach Autobesitzer
Quelle: Eigene Darstellung

In Abbildung 1.10 wird die prozentuale Verteilung der Autobesitzer dargestellt. 49 % der Befragten besitzen ein Auto. Die restlichen 51 % sind keine Autobesitzer. Diese Frage wurde gestellt, da die Kofferraumzustellung einen Autobesitzer voraussetzt. Falls die Kofferraumzustellung weniger Zustimmung bekommt, soll das Ergebnis mit dem Autobesitz in Verbindung gebracht werden.

Das folgende Diagramm stellt die prozentuale Verteilung nach Beschäftigungsarten dar.

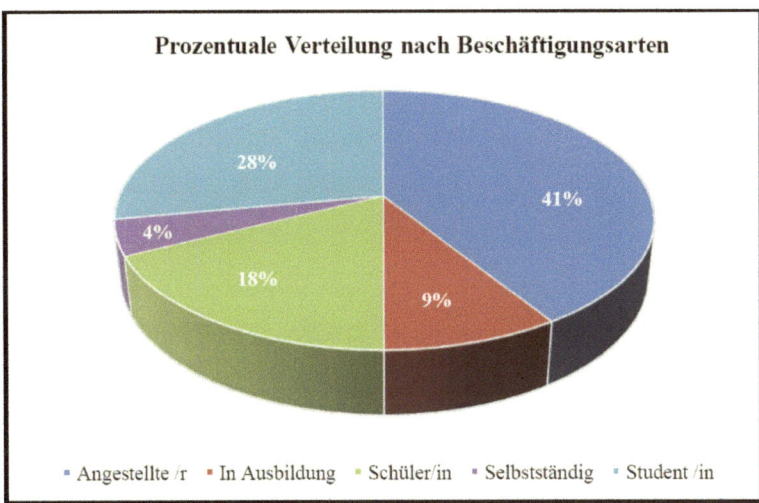

Abbildung 1.11: Prozentuale Verteilung nach Beschäftigungsarten
Quelle: Eigene Darstellung

41 % der Teilnehmer sind Angestellte. 28 % sind Studenten und 18 % Schüler. 9 % sind als Auszubildender/ Auszubildende beschäftigt und 4 % selbstständig.

## 5.2 Auswertung der Zustellkonzepte

In Abbildung 1.12 ist die Auswertung der Kofferraumzustellung dargestellt. Die Ratingskalen sind mit verschiedenen Farben gekennzeichnet und jeder Antwortkategorie zugeordnet. Für jedes Zustellkonzept werden zwei Diagramme dargestellt. Die eine Abbildung zeigt die Bewertung der Konzepte hinsichtlich der Nutzung. Die zweite Abbildung zeigt die Bewertung hinsichtlich möglicher Bedenken.

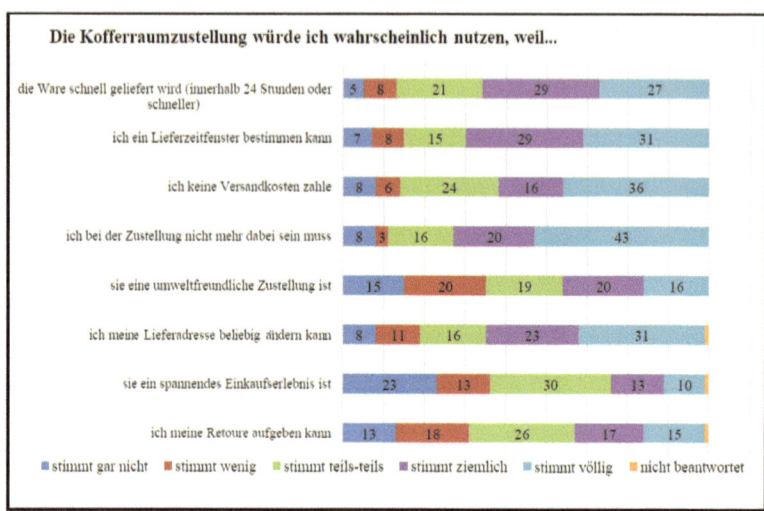

**Die Kofferraumzustellung würde ich wahrscheinlich nutzen, weil...**

| | | | | | |
|---|---|---|---|---|---|
| die Ware schnell geliefert wird (innerhalb 24 Stunden oder schneller) | 5 | 8 | 21 | 29 | 27 |
| ich ein Lieferzeitfenster bestimmen kann | 7 | 8 | 15 | 29 | 31 |
| ich keine Versandkosten zahle | 8 | 6 | 24 | 16 | 36 |
| ich bei der Zustellung nicht mehr dabei sein muss | 8 | 3 | 16 | 20 | 43 |
| sie eine umweltfreundliche Zustellung ist | 15 | 20 | 19 | 20 | 16 |
| ich meine Lieferadresse beliebig ändern kann | 8 | 11 | 16 | 23 | 31 |
| sie ein spannendes Einkaufserlebnis ist | 23 | 13 | 30 | 13 | 10 |
| ich meine Retoure aufgeben kann | 13 | 18 | 26 | 17 | 15 |

■ stimmt gar nicht  ■ stimmt wenig  ■ stimmt teils-teils  ■ stimmt ziemlich  ■ stimmt völlig  ■ nicht beantwortet

Abbildung 1.12: Bewertung der Kofferraumzustellung – Teil 1
Quelle: Eigene Darstellung

Es wird ersichtlich, dass die Lieferoption (Liefergeschwindigkeit, Auswahl von Lieferzeitfenster und Lieferadresse) einen bedeutsamen Grund für eine wahrscheinliche Nutzung der Kofferraumzustellung darstellt. 62 % der Teilnehmer würden das Lieferkonzept wählen, weil sie einen hohen Wert auf die Liefergeschwindigkeit (innerhalb 24 Stunden oder schneller) legen. Darunter fallen vor allem die Altersgruppen 14 bis 19 Jahre und 20 bis 29 Jahre. Außerdem sehen 66 % der Teilnehmer die Auswahl eines Lieferzeitfensters als einen wünschenswerten Service an und 60 % würden das Konzept wählen, um die Lieferadresse beliebig ändern zu können. Die Kofferraumzustellung wird hinsichtlich der Lieferoptionen von der Mehrheit der Befragten als positiv bewertet. Ihnen ist es also wichtig individuell und flexibel zu entscheiden wo und wann ihre Sendung ankommen soll.

Knapp über die Hälfte (57%) würde die Kofferraumzustellung nutzen, da keine Versandkosten anfallen. 26 % der Befragten hat mit „teils-teils" geantwortet. Daraus lässt sich schließen, dass Unsicherheit und Unwissenheit der Befragten die die Beantwortung maßgeblich beeinflusst hat. Außerdem könnte es auf die Höhe der Mehrkosten ankommen. 70 % der Teilnehmer stimmten völlig zu, dass sie die Kofferraumzustellung nutzen würden, um bei der Lieferung nicht mehr anwesend sein zu müssen. Die Unabhängigkeit hinsichtlich des Paketempfangs kann für viele Kunden ein Mehrwert darstellen. Während 38% der Teilnehmer die Kofferraumzustellung als kaum bis gar nicht umweltfreundlich empfinden, stimmen 40 % einer

Umweltfreundlichkeit zu. Die Kontroversität entsteht durch die subjektive Wahrnehmung und der mangelnden Erfahrung bzw. Wissens. 40 % der Befragten empfinden die Kofferraumzustellung als kein spannendes Einkaufserlebnis. Davon leben die meisten in der Stadt und sind Angestellte oder Schüler. Nur 25 % der Befragten stimmen diesem Kriterium ziemlich bis völlig zu. 33 % hat mit „teils-teils" geantwortet, was darauf hinweist, dass das Zustellkonzept bei ihnen noch unbekannt ist.

Ob die Retouren Aufgabe für die Nutzung eine Rolle spielt, ist von den Befragungspersonen kontrovers beurteilt wurden. Während 35 % der Teilnehmer einer Retouren Aufgabe ziemlich bis völlig zustimmt, stimmen 34 %kaum bis gar nicht. Die Bewertung der Kofferraumzustellung ist für die Kriterien Einkaufserlebnis, Retouren Abgabe und Umweltfreundlichkeit sehr unterschiedlich. Allerdings sind die Lieferoptionen, die Versandkosten sowie die Unabhängigkeit hinsichtlich des Empfangs der Sendung wichtig.

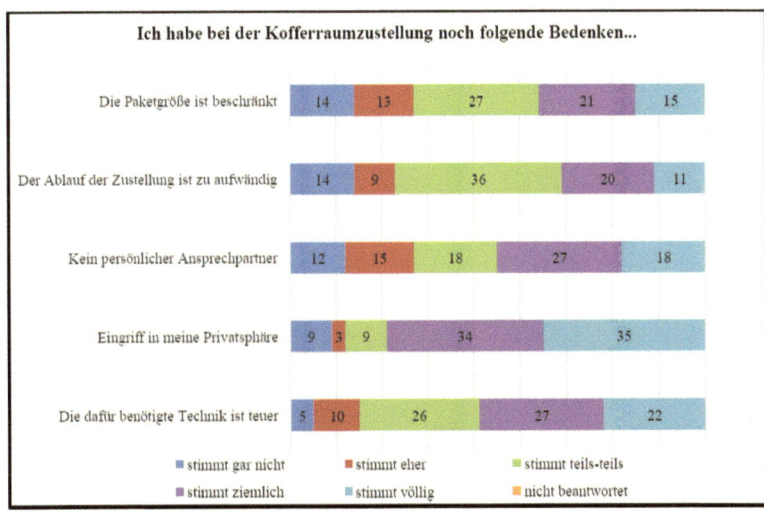

Abbildung 1.13: Bewertung der Kofferraumzustellung – Teil 2
Quelle: Eigene Darstellung

Die eingeschränkte Größe der Pakete ist für 40 % der Befragungspersonen ein negatives Kriterium. Wobei 15 % keine Bedenken hinsichtlich dieses Kriteriums haben. Während 34 % zustimmen, dass die Kofferraumzustellung aufwändig im Ablauf der Zustellung ist, stimmen 15 % diesem Kriterium gar nicht zu. 40 % der Befragten antworteten mit „teils-teils" was wieder auf Unwissenheit und nicht existierende Erfahrung zurück zuführen ist. Die Hälfte der Befragten gab an, dass sie Bedenken haben, da kein persönlicher Ansprechpartner vorhanden ist. 13 % hingegen sieht darin kein Problem.

76 % der Teilnehmer hat Bedenken hinsichtlich ihrer der Privatsphäre. Die Mehrheit der Befragten stimmt zu, dass die Kofferraumzustellung ein Eingriff in die Privatsphäre ist. Aufgrund dessen kann die erste Hypothese bestätigt werden. Da die Pkw-Zustellung noch wenig verbreitet ist und es noch keine Erfahrungsberichte gibt, ist das Vertrauen in die Dienstleistung noch sehr niedrig. Anbieter wie Automobilhersteller und Logistikdienstleister müssen vor Markteindringung das Vertrauen der Kunden aufbauen. Dafür können gezielte Marketing Kampagnen eingesetzt werden. Knapp über die Hälfte der Befragten (54%) befürchten, dass die dafür notwendige Technik zu teuer ist. Davon gehört ca. die Hälfte zu der Altersgruppe 14 bis 19 Jahren. Die Kofferraumzustellung spricht zunächst Kunden an, die gut situiert sind und Zusatzkosten dafür gerne in Kauf nehmen.

In folgender Abbildung ist die Bewertung der Drohnen- und Roboterzustellung abgebildet. Die Mehrheit der Befragten(68%) stimmt ziemlich bis völlig zu, dass das Festlegen eines Lieferzeitfensters einen positiven Einfluss auf die Auswahl des Zustellkonzepts hat. Ebenso gaben 66 % eine schnelle Lieferung als positives Auswahl Kriterium an.

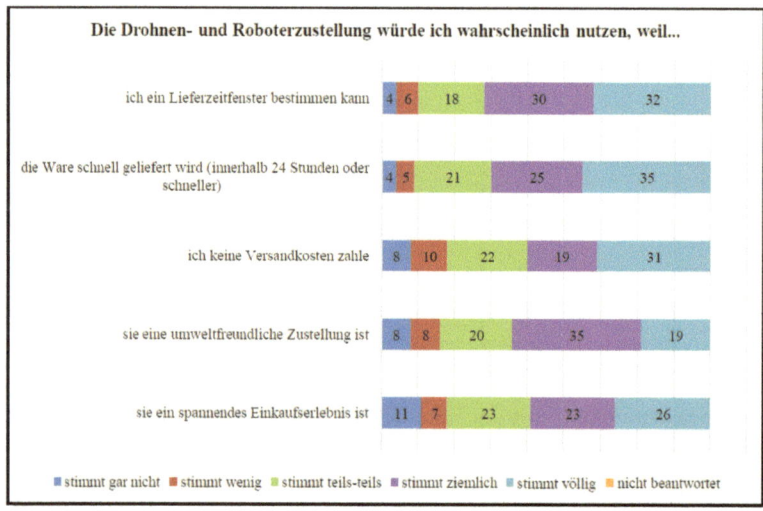

Abbildung 1.14: Bewertung der Drohnen- und Roboterzustellung – Teil 1
Quelle: Eigene Darstellung

55 % der Befragten gab an, dass ein kostenloser Versand ebenfalls ein Auswahlkriterium für die Nutzung ist. 20 % hingegen stimmten wenig bis gar nicht zu. Daraus lässt sich folgern, dass sie bereit wären Zusatzkosten zu zahlen. 60 % der Teilnehmer empfindet das Zustellkonzept als umweltfreundlich. Über die Hälfte (54 %) der Befragungspersonen stimmt zu, dass sie die Drohnen- und Roboterzustellung nutzen würden, weil sie ein spannendes Einkaufserlebnis ist. Auffallend dabei ist, dass die Befragungspersonen zu den Altersgruppen 14 bis 19 Jahren und 20 bis 29 Jahren gehören. Außerdem leben sie überwiegend in der Stadt. 20 % der Befragten empfinden das Zustellkonzept als kein spannendes Einkaufserlebnis und 25% war sich unschlüssig. Die zuvor aufgestellte Hypothese kann zum Teil bestätigt werden, da nur knapp über die Hälfte der Befragten das Einkaufserlebnis als positiv hinsichtlich der Nutzung bewerteten. Daraus lässt sich folgern, dass sich manche Verbraucher gerne in den Zustellprozess einbringen würden, da sie es als spannend betrachten. Dennoch gibt es Kunden die eine automatisierte Zustellung negativ bewerten und keinen Mehrwert darin sehen. Außerdem ist die Auswahl von Lieferoptionen auch für dieses Zustellkonzept von hoher Bedeutung.

Im Folgenden sind die Bedenken hinsichtlich der Nutzung der Drohnen- und Roboterzustellung ausgewertet dargestellt.

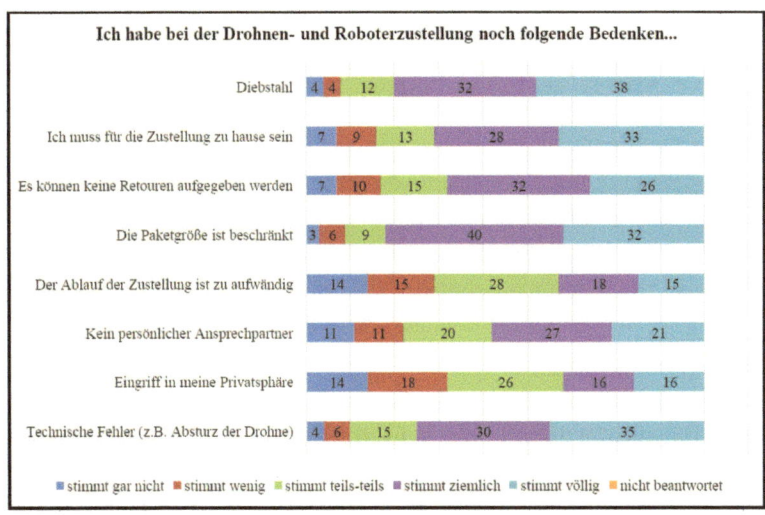

Abbildung 1.15: Bewertung der Drohnen- und Roboterzustellung – Teil 2
Quelle: Eigene Darstellung

Die Mehrheit der Befragten stimmte zu Bedenken hinsichtlich Diebstahl und technischer Fehler zu haben. Zudem gaben 80 % der Teilnehmer an, dass die beschränkte Paketgröße ein negatives Kriterium ist. Dass keine Retouren aufgegeben werden können, wurde ebenso von 64% als negativ bewertet. Während 36 % den Ablauf der Zustellung als aufwändig erachten, sind 32 % gegenteiliger Meinung. Kontrovers wird auch der Eingriff in die Privatsphäre bewertet. 35 % haben keine bis wenig Bedenken und weitere 35 % haben ziemliche bis starke Bedenken. Einerseits möchten 67% der Befragten unabhängig von der Anwesenheit Pakete empfangen. Anderseits fehlt 48 % ein persönlicher Ansprechpartner. Anbieter können durch einen kontinuierlichen digitalen Dialog zwischen Empfänger und Zusteller, Gegenmaßnahmen für diese Widersprüchlichkeit zu setzen. Der persönliche Kontakt kann zwar nicht 100 prozentig erfolgen, aber es könnte eine Chance um auf den Kunden einzugehen. Zusammengefasst sind die Bedenken gegenüber der Drohnen- und Roboterzustellung hinsichtlich technischer Risiken und der Ladefläche noch sehr hoch.

Im Folgenden wird die Bewertung der Zustellung durch Elektromobilität dargestellt. Die Liefergeschwindigkeit und die Auswahl eines gewünschten Lieferzeitfensters wurden für dieses Zustellkonzept ebenfalls als positiv bewertet. 55 % der Befragten wollen eine schnelle Lieferung und 51 % der Teilnehmer eine Lieferzeitfenster Zustellung. Für beide Kriterien haben dennoch jeweils knapp 30 % mit „teils-teils" geantwortet. Daraus lässt sich folgern, dass die Auswahl von Lieferoptionen für die direkte Belieferung noch wenig verbreitet ist. 54% der Befragten würden die Zustellung durch Elektromobilität nutzen, da sie kostenlos ist. 87% stimmen ziemlich bis völlig zu, dass das Zustellkonzept umweltfreundlich ist und sie es deshalb nutzen würden. Es gab keinen Teilnehmer, der die Zustellung aufgrund der Umweltfreundlichkeit nicht nutzen würde. Die zuvor aufgestellte Hypothese kann somit bestätigt werden. 71 % stimmt ziemlich bis völlig zu, dass ein persönlicher Kontakt für die Nutzung dieses Zustellkonzepts relevant ist. Das Einkaufserlebnis wurde unterschiedlich bewertet. Während 40 % die Belieferung durch Elektrofahrzeuge als wenig bis gar nicht spannend beurteilten, bewerteten 28 % das Konzept als ziemlich bis völlig spannend. Zusammenfassend kann festgehalten werden, dass auch für dieses Konzept eine Auswahl von Lieferoptionen von Bedeutung ist. Zudem werden die Kriterien Umweltfreundlichkeit und persönlicher Kontakt bei der Paketübergabe als positiv bewertet.

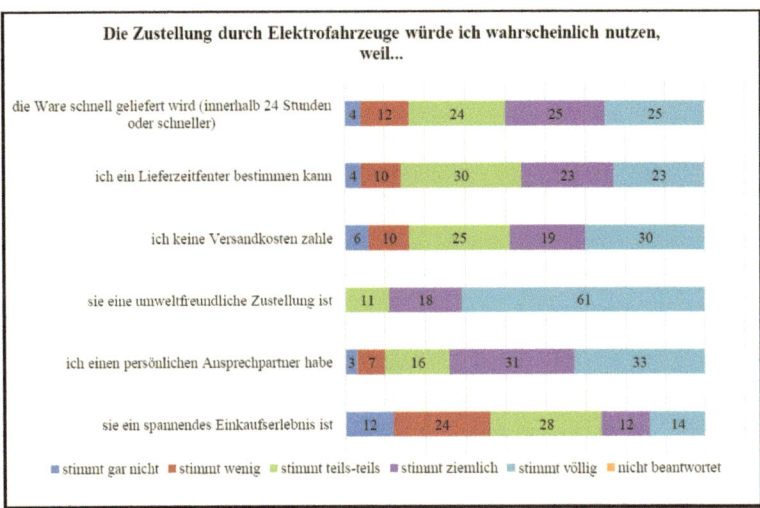

Abbildung 1.16: Bewertung der Elektromobilität – Teil 1
Quelle: Eigene Darstellung

Dass der Empfänger bei der Paketübergabe anwesend sein muss, wird von 61% der Befragten als bedenklich bewertet. Allerdings wurde zuvor festgehalten, dass ein persönlicher Kontakt zwischen Empfänger und Zusteller als nützlich erachtet wird. Daraus kann man schlussfolgern, dass Kunden zum einen Unabhängigkeit und Flexibilität wünschen und zum anderen einen persönlichen Ansprechpartner, um einen unmittelbaren und individuellen Kontakt zu haben. Dieser Widerspruch zeigt, dass gewisse Unsicherheiten hinsichtlich indirekter, unpersönlicher Zustellformen bestehen und es Zeit braucht bis sie etabliert und anerkannt werden. Anbieter von indirekten Zustellkonzepten müssen deshalb gewährleisten, dass der digitale Kontakt zwischen Empfänger und Zusteller informativ genug ist. 33 % der Befragten gaben an, keine Bedenken hinsichtlich der Retouren Aufgabe zu haben.

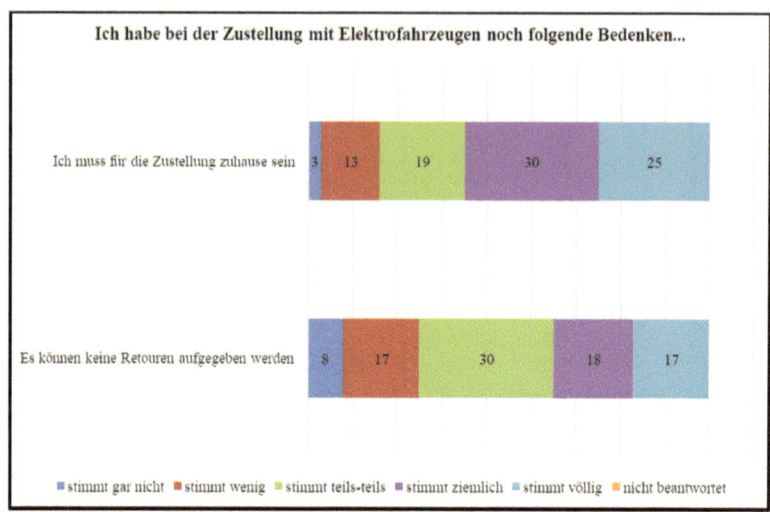

Abbildung 1.17: Bewertung der Elektromobilität - Teil 2
Quelle: Eigene Darstellung

In folgender Abbildung wird die Bewertung der Paketbox Belieferung abgebildet. Die Paketbox Belieferung würden 65 % der Befragten angesichts der schnellen Zustellung nutzen und 68 % angesichts der Wahl eines Lieferzeitfensters. Über die Hälfte der Teilnehmer (52%) gaben auch hier einen kostenlosen Versand als positives Kriterium an. 55% der Befragten empfinden die Paketbox Lieferung als ziemlich bis völlig umweltfreundlich. 14 % erachten das Konzept als wenig bis gar nicht umweltfreundlich. Die Mehrheit der Befragten (87%) bewertete die Paketbox als ziemlich bis völlig nützlich, da die Paketannahme ohne Anwesenheit erfolgt. Die aufgestellte Hypothese kann somit bestätigt werden. Die Unabhängigkeit beim Empfang von Paketen ist ein Mehrwert für den Kunden und ist deshalb ein wichtiges Kriterium für die Akzeptanz des Zustellkonzepts. Die Paketbox wird kontrovers hinsichtlich des Einkaufserlebnisses bewertet. 31 % der Befragten bewerten das Konzept als ziemlich bis völlig spannenden, während 34 % das Konzept als wenig bis gar nicht spannend empfinden. Die Mehrheit der Teilnehmer (81%) würde die Paketbox Belieferung. nutzen, da eine Retouren Aufgabe möglich ist. Die Wahl von Lieferoptionen, die Retouren Aufgabe und die Abwesenheit während der Belieferung steigern die Akzeptanz des Zustellkonzepts.

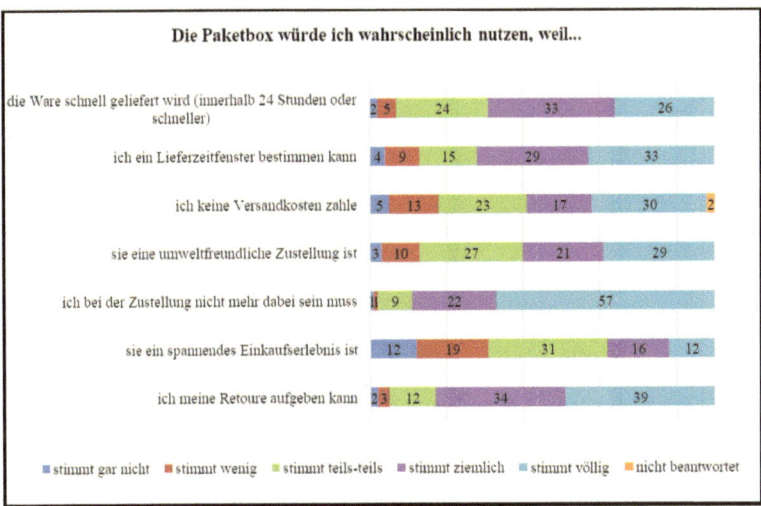

Abbildung 1.18: Bewertung der Paketbox – Teil 1
Quelle: Eigene Darstellung

41% der Teilnehmer gab an, dass gar keine bis wenig Sorgen bezüglich Diebstahls besteht. Außerdem empfinden nur17 % das Zustellkonzept als einen Eingriff in die Privatsphäre. Die Paketbox kann mit einem Briefkasten verglichen werden, weshalb die Akzeptanz höher ist und Kunden weniger Bedenken hinsichtlich Vandalismus oder der Privatsphäre haben. Während 46 % Bedenken hinsichtlich der Wahl des Lieferortes angaben, gaben 31 % der Befragten an. 58 % bewerteten die Beschränkung der Paketgröße negativ. Über die Mehrheit der Teilnehmer (55%) empfindet die Paketbox Belieferung als wenig bis gar nicht aufwendig. Ein möglicher Grund könnte sein, dass die Paketbox mit dem Briefkasten in Verbindung gebracht wird und dafür der Aufwand auch nicht hoch angesehen wird.

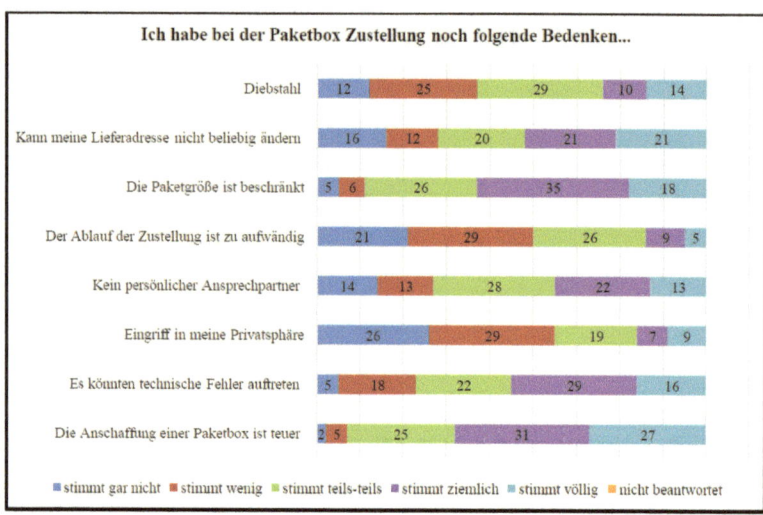

Abbildung 1 19: Bewertung der Paketbox – Teil 2
Quelle: Eigene Darstellung

Nur 38 % stimmten ziemlich bis völlig zu, dass ein persönlicher Ansprechpartner fehlt. Für die Kofferraumzustellung und der Drohnen-und Roboterzustellung wurden viel höhere Werte für dieses Kriterium erfasst. 50 % der Befragungspersonen gaben an, Bedenken hinsichtlich technische Fehler zu habenkönnten. Über die Hälfte der Teilnehmer (64%) hat Bedenken wegen der hohen Anschaffungskosten. Abschließend kann festgehalten werden, dass die Paketbox Belieferung anders bewertet wurde als die anderen indirekten Belieferungsformen. Es gab kaum Bedenken hinsichtlich der Privatsphäre oder Diebstahls.

In folgender Abbildung wird die Bewertung von Crowd delivery abgebildet. Die Liefergeschwindigkeit, das Auswählen von einem Lieferzeitfenster und Lieferadresse bewerteten die Mehrheit der Befragten auch für dieses Zustellkonzept als nützlich. 43 % würden Crowd delivery nutzen, da keine Versandkosten anfallen. Für 30 % hingegen ist ein kostenloser Versand weniger bis gar nicht relevant. Nur 38 % der Teilnehmer empfinden das Zustellkonzept als umweltfreundlich. Um vor allem die umweltbewussten Kunden abzuholen, muss das Image von Crowd delivery mehr vermarktet werden.

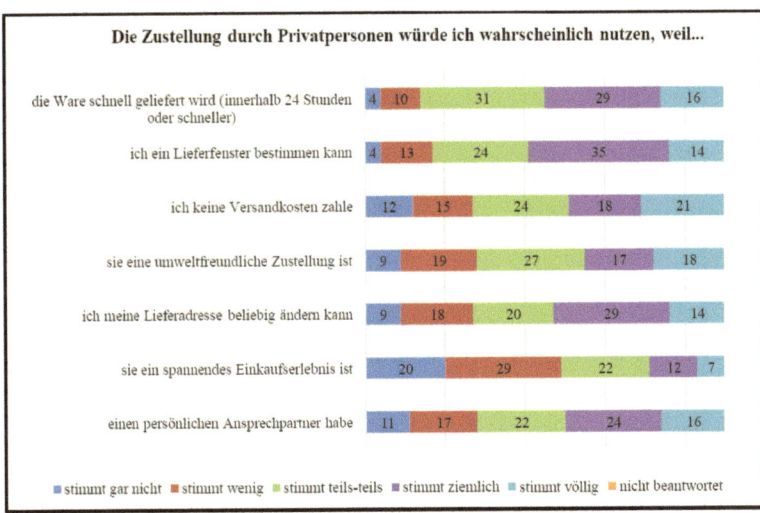

Abbildung 1.20: Bewertung der Crowd delivery – Teil 1
Quelle: Eigene Darstellung

Die zuvor aufgestellte Hypothese wird somit widerlegt. 54 % der Befragten stimmten wenig bis gar nicht zu, dass Crowd delivery ein spannendes Einkaufserlebnis ist. 44% der Befragten würden das Konzept nutzen, da ein persönlicher Kontakt besteht.

41 % der Befragten haben keine Bedenken hinsichtlich der Paketgröße. Während 33 % den Ablauf der Zustellung als aufwändig empfinden, bewerten 27 % als wenig bis gar nicht aufwändig. Als Eingriff in die Privatsphäre wird das Zustellkonzept von 34 % der Befragten erachtet. Allerdings haben andere 34 % keine Bedenken. Befürchtungen hinsichtlich der Sendungsverfolgung sowie Diebstahls werden von der Mehrheit der Befragten angegeben. Um diese Bedenken zu vermeiden, müssen Anbieter Maßnahmen treffen, um ein positives Image zu kreieren. Beispielsweise könnten auf Crowd delivery Plattformen Erfahrungsberichte von Usern veröffentlicht werden, um so Vertrauen aufzubauen.

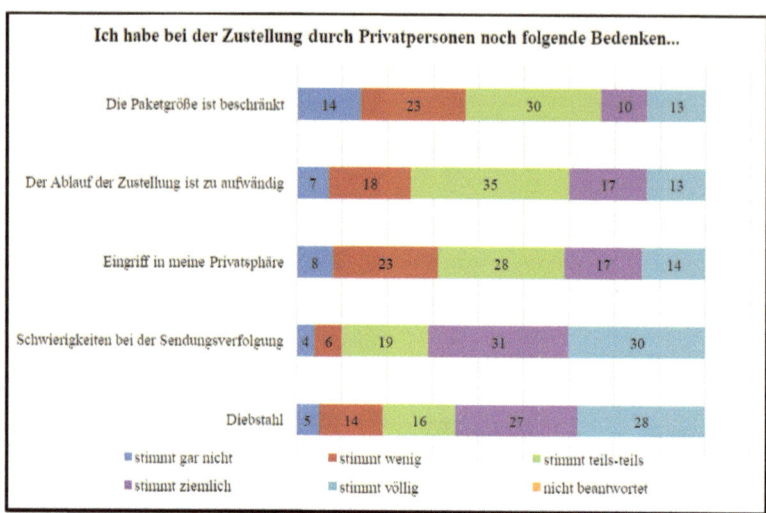

Abbildung 1.21: Bewertung der Crowd delivery – Teil 2
Quelle: Eigene Darstellung

In der Folgenden Abbildung werden die Kriterien zur Wahl eines Zustellkonzepts und dessen Bewertung dargestellt. Der Schutz der Privatsphäre wird von den meisten der Befragten als sehr wichtig erachtet. Zudem erachtet die Mehrheit die Auswahl eines Lieferorts, die Sendungsverfolgung sowie eine umweltfreundliche Zustellung als sehr wichtig. Zudem wird von der Mehrzahl als wichtig angesehen, unabhängig Pakete zu empfangen, die Retouren aufzugeben, eine einfache technische Nutzung und ein kostenloser Versand. Als weniger wichtig bewertet wurden die Zustellung in einem Zeitfenster, ein persönlicher Ansprechpartner und eine schnelle Lieferung. Das Einkaufserlebnis ist das unwichtigste Kriterium für die Auswahl eines Zustellkonzepts.

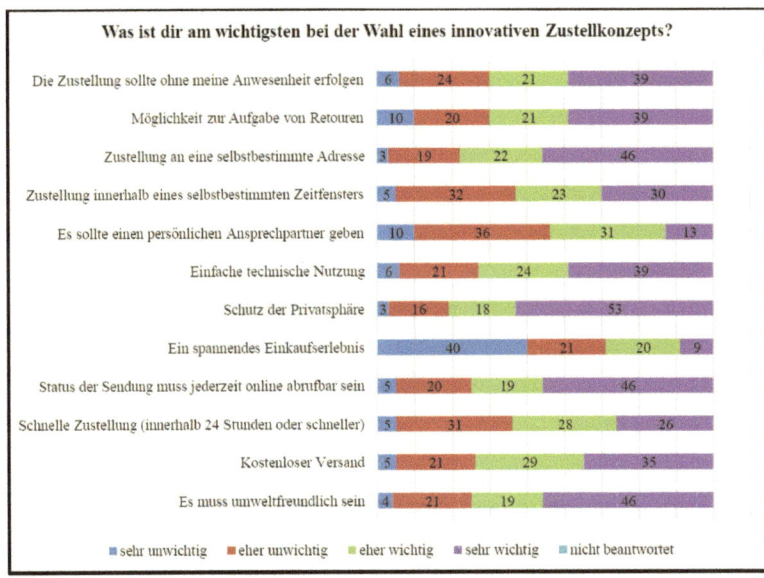

Abbildung 1.22: Kriterien für die Wahl eines Zustellkonzepts
Quelle: Eigene Darstellung

43 % der Befragten wählten die Paketbox als beliebtestes Zustellkonzept und genießt somit die höchste Akzeptanz. Dieses Konzept wurde vor allem hinsichtlich der Retouren Aufgabe und der Abwesenheit bei Packet Zustellungen als nützlich bewertet. Unter die 43 % fallen alle fünf Altersgruppen und sie leben sowohl in der Stadt als auch in einem Dorf und auf dem Land. Die Zustellung durch Elektromobilität wurde von 26 % der Befragten ausgewählt. Ein persönlicher Ansprechpartner und die Umweltfreundlichkeit führen zu hoher Akzeptanz. Unter die 26 % fallen ebenso alle fünf Altersgruppen und sie leben sowohl in der Stadt als auch in einem Dorf und auf dem Land.

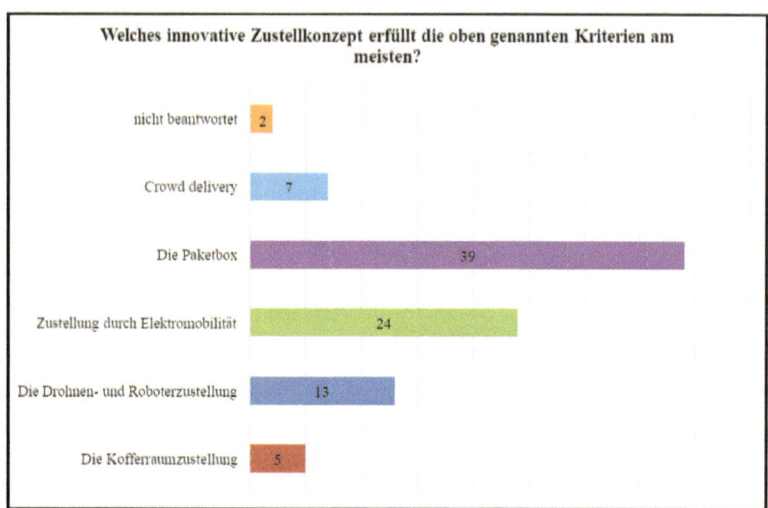

Abbildung 1.23: Beliebtestes Zustellkonzept in Bezug auf die Kriterien
Quelle: Eigene Darstellung

Die Drohnen-und Roboterzustellung wurde von 14 % gewählt. In diesem Zusammenhang werden vor allem die Lieferoptionen und das Einkaufserlebnis als attraktiv bewertet. Unter die 14 % fallen die Altersgruppen von 14 bis 19 Jahren sowie 20 bis 29 Jahren und sie leben überwiegend in der Stadt. Crowd delivery wird nur von 7 % der Befragten als attraktiv angesehen. Bedenken wegen Diebstahl oder der Sendungsverfolgung könnten mögliche Gründe für die geringe Akzeptanz sein. Zudem wird die Kofferraumzustellung nur von 5 % der Teilnehmer als nützlich angesehen. Die hohen Kosten sowie der Eingriff in die Privatsphäre könnten zur Ablehnung geführt haben. Unter den 5 % sind 3 Teilnehmer Autobesitzer und 2 Teilnehmer keine Autobesitzer. Es kann somit kein Ruckschluss darauf gezogen werden.

Die folgende Abbildung stellt den Bekanntheitsgrad der Zustellkonzepte dar. Eine Mehrfachauswahl war möglich. Die Kofferraumzustellung und das Crowd delivery Konzept waren den meisten der Befragten noch unbekannt. Möglicherweise ist das auch der Grund für die geringe Akzeptanz der Zustellkonzepte. Zudem könnte die hohe Anonymität des Sharing-Models auf die falsche Bewertung hinsichtlich des Kriteriums Umweltfreundlichkeit zurück geführt werden. Die Paketbox Belieferung war auch eher unbekannt für die Befragten. Dennoch genießt sie hohe Akzeptanz. Für ein paar wenige Teilnehmer waren sogar alle Konzepte unbekannt. Daraus lässt sich schlussfolgern, dass vor allem die Kofferraumzustellung und das Crowd delivery Konzept mehr Aufmerksamkeit erregen müssen. Gezielte Marketingkampagnen können eingesetzt werden, um eine größere Masse zu erreichen. Um mehr Akzeptanz und Interesse zu wecken müssen mehr Online-Händler die innovativen Zustellkonzepte anbieten.

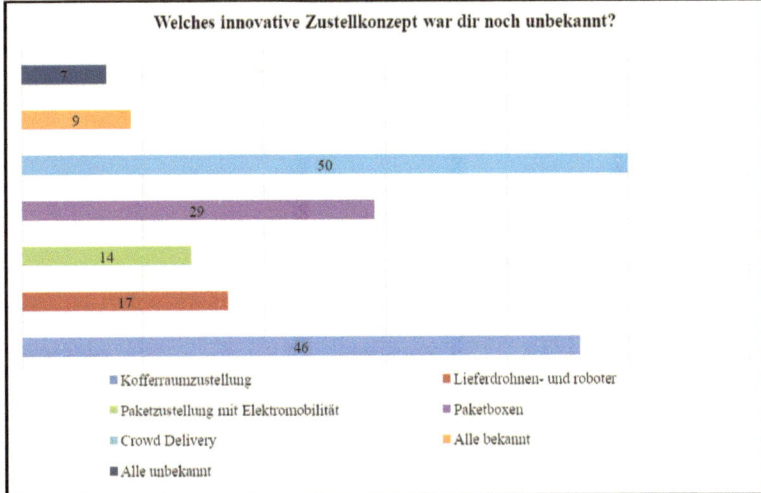

Abbildung 1.24: Bekanntheitsgrad der Zustellkonzepte
Quelle: Eigene Darstellung

# 6 Schlussbetrachtung

Ausgangspunkt der vorliegenden Arbeit war die Erkenntnis, dass die Logistik der letzten Meile vor vielen Herausforderungen steht und innovative Zustellkonzepte neue Chancen bieten können, um die Touren zu optimieren. Dazu wurden zunächst im Rahmen einer Literaturrecherche eine theoretische Fundierung der Auslieferungsformen und deren wirtschaftliche und gesellschaftliche Einflüsse geschaffen. Die vorliegende Arbeit beschäftigte sich mit der Frage wie attraktiv innovative Zustellkonzepte für Kunden sind und welche am meisten akzeptiert werden. Hierfür wurde eine quantitative Analyse durchgeführt, um auf Basis von erarbeiteten Variablen, die Bewertung von Auslieferungskonzepten näher zu durchleuchten.

Resümierend kann fest gehalten werden, dass die Paketbox Belieferung und die Zustellung durch Elektromobilität eine hohe Attraktivität bei den Befragten genießen. Außerdem kann zusammenfassend festgehalten werden, dass die Befragten vielseitige Anforderungen an die Zustellkonzepte haben. Die Paketbox Belieferung wurde unabhängig von Altersgruppe oder Wohnort der Befragten als ein sehr nützliches Konzept bewertet. Die Abwesenheit des Empfängers während der Paketübergabe und die Retouren Aufgabe zählte zu den wichtigsten Kriterien. Während die Kofferraumzustellung als starker Eingriff in die Privatsphäre bewertet wurde, wurde die Paketbox als sicheres Konzept beurteilt. Da die Paketbox mit dem alt bekannten Briefkasten in Verbindung gebracht werden kann, wird sie schneller als die anderen Konzepte akzeptiert werden. Aufgrund der Erstzustellung ist die Etablierung dieses Konzepts auch im Interesse der Logistikdienstleister. Um die Zustellform auf dem Markt noch sichtbarer für Kunden zu machen, kann der Vertrieb von Paketboxen vergrößert werden. So könnten beispielsweise Baumärkte Paketboxen verkaufen. Außerdem müssen noch mehr Logistikdienstleister und Online-Händler diese Zustellform anbieten.

Die Zustellung durch Elektromobilität wurde vor allem aufgrund des umweltfreundlichen Transports als attraktiv bewertet. Zudem zählte der persönliche Ansprechpartner als wichtiges Kriterium. Da Verbraucher generell nachhaltiger und bewusster konsumieren, kann dieses Konzepts schneller in den Markt durchdringen. Zudem beeinflussen Stakeholder wie Stadtgemeinden oder die Politik die Marktdurchdringung positiv. Verschiedene Logistikdienstleister investieren heute schon in umweltfreundliche Transportmittel. Laut BIEK sind dennoch zu wenig Anbieter auf dem Markt. Die Drohnen- und Roboterzustellung wurde von den 14 bis 30- Jährigen als attraktiv bewertet, da sie viele individuelle Lieferoptionen bietet und zu einem spannenden Einkaufserlebnis beiträgt. Insgesamt hat das Konzept allerdings wenig Zustimmung bekommen. Die Angst vor Diebstahl oder Absturz der Drohne könnten mögliche Gründe sein. Dieses Ergebnis deckt sich mit der BIEK Studie. In der Studie wurden die autonomen Zustellkonzepte aufgrund von technischen Risiken als unattraktiv bewertet. Logistikdienstleister werden an der Markteinführung gehemmt. Das Konzept ist nicht für ein Massen Geschäft tauglich, benötigt eine gewisse Infrastruktur und gesetzliche Richtlinien. Zudem wurden die Zustellkonzepte Crowd delivery und Kofferraumzustellung insgesamt mit einer niedrigeren Attraktivität bewertet. Von Seiten der Logistikdienstleister ist die Umsetzung des Crowd delivery Konzepts sehr komplex aufwändig und teuer. Außerdem müssen genug Mitglieder an dem Sharing Model teilnehmen. Die Kofferraumzustellung kann einen Markt finden, da die Automobilindustrie viel Geld in das Konzept investiert hat und nun mit der Vermarktung begonnen. Fragwürdig ist allerdings, ob sich das Zustellkonzept für Logistikdienstleister als effizient erweist.

Die Anforderungen der Kunden in Bezug auf Zustellkonzepte sind vielfältig. Verbraucher wollen ihre Sendungen nicht nur individuell geliefert bekommen, sondern auch umweltfreundlich, unabhängig und kostenlos. Alle fünf Zustellkonzepte wurden hinsichtlich einer schnellen Lieferung und hinsichtlich der Auswahl eines Lieferzeitfensters sowie einer Lieferadresse positiv bewertet. Daraus resultiert eine starke Nachfrage hinsichtlich personalisierter Lieferoptionen. Ein weiteres wichtiges Kriterium, welches für jede Auslieferungsform als attraktiv bewertet wurde, ist die Abwesenheit des Empfängers während der Zustellung. Indirekte Belieferungsformen wie die Kofferraumzustellung oder die Paketbox sind vor allem aufgrund dieses Aspekts interessant. Die Unabhängigkeit die dadurch dem Kunden gewährt wird, ist bequem und flexibel. Für Anbieter ergibt sich aufgrund dieser Nachfrage die Chance die Zustelleffizienz zu erhöhen, da nur eine Erstzulieferung notwendig ist. Der persönliche Kontakt zum Paketboten wurde allerdings auch als wichtiges Kriterium genannt. Desweiteren wurde die Aufgabe von Retouren als attraktiv bewertet. Trotz all den angebotenen Zusatzservices ist die Bereitschaft Versandkosten zu zahlen gering.

Die Rolle des Kunden wird sich durch die neuen Zustellkonzepte verändern. Bis jetzt ist der Kunde durch einen digitalen Kontakt mit dem Zusteller verbunden, um seine Sendung zu verfolgen oder den Zustellort zu steuern. Durch die neuen Zustellkonzepte wird der Kunde noch intensiver in den digitalen Prozess eingebunden. Beispielsweise muss der Kunde für die Kofferraumzustellung Zugangsberechtigungen freischalten und das Auto am richtigen Ort parken. Für die Drohnen

Zustellung muss beispielswiese eine Landefläche sicher gestellt werden. Inwieweit sich der Kunde einbringen will, Bedarf an weiterer Forschung.

Die Rolle der KEP-Dienstleister wird sich ebenfalls verändern. Die klassische Türzustellung wird zwar nicht aussterben, aber es werden sich alternative Konzepte etablieren. Vor allem die indirekten Belieferungsformen könnten an Bedeutung gewinnen. Dafür können sich die Tourenplanung, der Personalbedarf oder auch das Retourenmanagement ändern. Außerdem muss die KEP-Branche viel in Forschung und Entwicklung sowie IT investieren. Die digitale Vernetzung wird immer wichtiger. Der digitale Dialog zwischen Empfänger und Kunde wird unverzichtbar und muss ausgebaut werden. Kooperationen mit beispielsweise Start-ups können Logistikdienstleistern helfen näher am Markt zu sein und kundengerechte Services anzubieten. Ebenso sind Kooperationen zwischen Stadt, Handel und Industrie notwendig. Trotz allem muss die KEP-Branche mit Druck seitens Politik und Gesellschaft rechnen und sich im Wettbewerb behaupten. Abgesehen von der Paketbox Belieferung und der Zustellung durch Elektromobilität sind die Konzepte noch in Testphasen oder noch nicht marktreif. Um die Umsetzung in Gang zu setzen müssen vor allem Online-Händler die verschiedenen Zustellkonzepte vermarkten und als Zustelloption anbieten. Heute gibt es nur eine Handvoll an Anbieter, die alternative Zustellkonzepte anbietet.

Die vorliegende Umfrage beschränkt sich nur auf 90 Teilnehmer, weshalb die erarbeiteten Erkenntnisse nicht repräsentativ für die Grundgesamtheit sind. Bei weiteren Untersuchungen wäre es sinnvoll die Stichprobe zu vergrößern und eine Gewichtung der Altersgruppen vorzunehmen. So sind die Erkenntnisse der Untersuchung auf das gewählte Untersuchungsobjekt beschränkt und folglich nicht übertragbar.

Die Perspektive der Logistikdienstleister Bedarf an weiterer Forschung. Es ist noch überwiegend unbekannt welche Einflüsse die einzelnen Zustellkonzepte auf logistische Prozesse haben und inwieweit sie zur Zustelleffizienz beitragen. Außerdem könnte untersucht werden wie nachhaltig die Konzepte während des Auslieferungstransports tatsächlich sind und wie sich das Retourenmanagement verändert. Inwieweit Kooperationen zwischen Stadt, Politik, Industrie, Händlern und Logistikdienstleistern zielführend für die Logistik der letzten Meile sind, Bedarf ebenfalls weiterer Forschung. Die Rolle und Einfluss der Online-Händler bezüglich des Auslieferungsprozesses muss auch untersucht werden.

# Literaturverzeichnis

## Online-Fragebogen Quellen

Db-Bauzeitung (2016): Paketbox [online] https://www.db-bauzeitung.de/db-empfiehlt/produkte/paketbox/ [20.04.2019]

DHL (o.J.): Hilfe zur Kofferraumzustellung [online] https://www.dhl.de/de/privatkunden/hilfe-kundenservice/empfangen-abholort/kofferraumzustellung.html [19.04.2019]

E-lastenrad (o.J.): Das Lastenrad revolutioniert die urbane Mobilität [online] https://www.e-lastenrad.de/ [20.04.2019]

Friedl, S. (2018): Berkeley, Kalifornien – Wo Lieferroboter schon heute zum Alltag gehören [online] https://www.apfelnews.de/2018/11/22/berkeley-kalifornien-wo-lieferroboter-schon-heute-zum-alltag-gehoeren/ [20.04.2019]

Halang, V. (o.J.): DHL testet Lastenrad-Konzept [online] https://enorm-magazin.de/dhl-testet-lastenrad-konzept [22.04.2019]

Kallweit, J. (2017): VW und DHL starten Pilotprojekt für Kofferraum-Lieferung [online] https://www.automobil-produktion.de/hersteller/wirtschaft/vw-und-dhl-starten-pilotprojekt-fuer-kofferraum-lieferung-247.html [19.04.2019]- Logistik-Watchblog (2017): Lieferdrohnen: CDU will Testgebiete einrichten [online] https://www.logistik-watchblog.de/neuheiten/845-lieferdrohnen-cdu-testgebiete-einrichten.html [20.04.2019]

Lambrecht, M. (2018): Crowd Delivery: Chancen und Risiken des Sharing Economy-Modells [online] https://newsroom.hermesworld.com/trend-crowd-delivery-chancen-und-risiken-des-sharing-economy-modells-14993/ [19.04.2019]

Paketbriefkasten-test (o.J.): PakSafe [online] https://paketbriefkasten-test.de/produkt/paksafe-paketbriefkasten-inkl-versicherung-fuer-zu-hause-mit-schliessfunktion-paketbox-fuer-alle-postdienste/ [20.04.2019]

Pech, C. (2017): CoCarrier: Crowd-Delivery-Plattform macht Privatpersonen zu Paketboten [online] https://www.logistik-watchblog.de/startups/1053-cocarrier-crowd-delivery-plattform-paketboten.html [19.04.2019]

**Internetquellen**

Amazon (2015): Lieferadresse: Mein Kofferraum [online] https://amazon-presse.de/Service/Suche/Pressedetail/amazon/de/Prime/2015-04-22-Lieferadresse--Mein-Kofferraum/ [25.05.2019]

Beutnagel, W. (2019): Daimler testet Kofferraumzustellung [online] https://www.car-it.com/daimler-testet-kofferraumzustellung/id-0063826?cookie-state-change=1562857093216 [20.06.2019]

BMVI (o.J.): Klare Regeln für Betrieb von Drohnen [online] https://www.bmvi.de/SharedDocs/DE/Artikel/LF/151108-drohnen.html [30.05.2019]

Bertram (2016): Hermes testet Starship-Roboter [online] https://news-room.hermesworld.com/hermes-testet-starship-roboter-die-wichtigsten-fragen-10720/ [31.05.2019]

Daimler (o.J.): Integrierte Lieferdrohnen: Paketbote mit vier Propellern [online] https://media.daimler.com/marsMediaSite/de/instance/ko/Integrierte-Lieferdrohnen-Paketbote-mit-vier-Propellern.xhtml?oid=13545841 [30.05.2019]

Dominos (2017): Erster Testlauf in Europa: Domino's Lieferroboter begeistert Pizza-Fans in Amsterdam [online] https://www.domi-nos.de/%C3%BCber-domino-s/presse/maer-17-lieferroboter-in-europa [30.05.2019]

DHL (o.J.): Klimaschutz mit DHL [online] https://www.dhl.de/de/privatkun-den/kampagnenseiten/dhl-nachhaltigkeit.html [27.05.2019]

DHL (o.J.): Hilfe zur Kofferraumzustellung [online] https://www.dhl.de/de/pri-vatkunden/hilfe-kundenservice/empfangen-abholort/kofferraumzustel-lung.html [31.05.2019]

DHL (o.J.): DHL Paketbox [online] https://www.dhl.de/de/privatkunden/pa-kete-versenden/pakete-abgeben/paketbox.html [29.05.2019]

DPD (o.J.): ParcelLock Paketkasten: das Multitalent vor Ihrer Haustür. [online] https://www.dpd.com/de/de/support/tipps-und-tricks/parcellock-pa-ketkasten/ [29.05.2018]

Edenhofer, A. (o.J.): DHL Paketkopter [online]
https://www.dpdhl.com/de/presse/specials/dhl-paketkopter.html
[30.05.2019]

Edenhofer, A. (o.J.): Elektromobilität [online]
https://www.dpdhl.com/de/presse/specials/emobilitaet.html
[27.05.2019]

Europäische Kommission (EC Europa) (2019): Parlament und EU-Staaten einigen sich auf erste Co2-Vorgaben für LKW [online] https://ec.europa.eu/germany/news/20190219-co2-vorgaben-lkw_de [27.05.2019]

Hermesworld (o.J.): Hermes testet Lieferroboter von Starship [online]
https://newsroom.hermesworld.com/starship/ [30.05.2019]

Jochem, P. (2018): Elektromobilität [online] https://wirtschaftslexikon.gabler.de/definition/elektromobilitaet-53700 [27.05.2018]

Kannenberg, A. (2018): VW: Paketlieferungen in den Kofferraum kommen ab 2019 [online] https://www.heise.de/newsticker/meldung/VW-Paketlieferungen-in-den-Kofferraum-kommen-ab-2019-4143517.html [23.05.2019]

Livery (o.J.): Über livery [online] https://liefery-kurier.com/ [02.07.2019]

Marcus-Engelhardt, E. (2018): Hauszustellung auf Platz 1, Bedeutung der Paketshops nimmt zu [online] https://www.biek.de/presse/meldung/hauszustellung-auf-platz-1-bedeutung-der-paketshops-nimmt-zu.html [20.05.2019]

Mauch, L. (o.J.): logSPAZE – Alternative Zustellkonzepte für Innenstädte [online]https://www.iao.fraunhofer.de/lang-de/167-stadtsystem gestaltung/forschung/1911-logspaze-alternative-zustellkonzepte-fuer-innenstaedte.html [27.05.2019]

ParcelLock (o.J.): ParcelLock für zu Hause: Empfangen Sie Pakete in Abwesenheit [online] https://www.parcellock.de/paketkasten/ [29.05.2019]

Paketsafe (o.J.): So funktioniert der Paketsafe [online] https:8//paketsafe.net/pages/haufige-fragen [29.05.2019]

Puscher, F. (2016): Crowdshipping im E-Commerce [online] https://blog.shopgate.com/crowdshipping-im-e-commerce-jedermann-liefern-lassen [29.05.2019]

Soscisurvey (2019): Befragungsprojekt [online] https://www.soscisurvey.de/admin/index.php?o=start&a=update&phase=survey [02.06.2019]

Statista (o.J.): Anteil der Online-Käufer (mindestens einmal im Monat im Internet bestellt) in Deutschland nach Alter im Jahr 2018 [online] https://de.statista.com/statistik/daten/studie/538490/umfrage/online-kaeufer-in-deutschland-nach-alter/ [20.04.2019]

Smart (o.J.): smart „ready to drop" [online] https://www.smart.com/de/de/index/smart-ready-to/drop.html [25.05.2019]

Volkswagen (o.J.): Dein Auto als Lieferadresse [online] https://www.volkswagen-we.com/de/Deliver.html#/Testphase [25.05.2019]

Wyman, O. (o.J.): Das Ende der kostenlosen Haustür-Paketzustellung naht [online] https://www.oliverwyman.de/our-expertise/insights/2019/mar/analyse-letzte-meile-2028.html [03.06.2019]

Wirtschaftspsychologische Gesellschaft (wpgs) (o.J.): Stichproben und Repräsentativität [online]https://wpgs.de/fachtexte/stichproben/5-stichproben-und-repraesentativitaet/ [01.06.2019]

**Buchquellen**

BIEK (2018): KEP-Studie 2018: Analyse des Marktes in Deutschland, Köln, S. 10-48

BIEK (2017): Bewertung der Chancen für die nachhaltige Stadtlogistik von morgen, Nachhaltigkeitsstudie 2017, S. 36-95

Döring, N.; Bortz, J. (2016): Forschungsmethoden und Evaluation in den Sozial- und Humanwissenschaften Berlin, Springer-Verlag, 5. Auflage, S.23-792

Funck D.; Lubzyk J.; Pekrun C.; Reinhardt R. (2017): Material und Methoden, in Lubzyk J.; Fitzke C.; Frey S.; Funck D.; Hauffe H.; Lepp S.; et al. (Hrsg.), Wie man eine wissenschaftliche Arbeit erstellt: Ein Leitfaden für Studierende der Hochschule für Wirtschaft und Umwelt Nürtingen-Geislingen, S.55-77

Heinemann, G. (2019b): Zukunft des Handels und Handel der Zukunft – treibende Kräfte, relevante Erfolgsfaktoren und Game Changer; Steinmetz, N.: Sharing Economy – Modelle und Empfehlungen für ein verändertes Konsumverhalten; Gerdes, J.; Heinemann, G.: Urbane Logistik der Zukunft – ganzheitlich, nachhaltig und effizient; Muschkiet, M.; Schückhaus, U.: Anforderungen an die Handelslogistik der Zukunft, in Heinemann G,; Gehrckens, M.; Täuber, T.; Accenture GmbH (Hrsg.), Handel mit Mehrwert: Digitaler Wandel in Märkten, Geschäftsmodellen und Geschäftssystemen, Wiesbaden, Springer S.18- 419

Heinemann, G. (2019a): Der neue Online-Handel: Geschäftsmodelle, Geschäftssysteme und Benchmarks im E-Commerce, Wiesbaden, Springer,10. Auflage, S.119-132

Lehmacher, W. (2013): Wie Logistik unser Leben prägt: Der Wertbeitrag logistischer Lösungen für Wirtschaft und Gesellschaft, Wiesbaden, Springer, S.55

MetaPack (2017): State of Ecommerce delivery: Bericht zur Verbraucherstudie, S.3-35

Porst, R. (2014): Fragebogen: Ein Arbeitsbuch, Wiesbaden, Springer Fachmedien, 4. Auflage, S.55

Prümm, D.; Höhn, A. (2017): Aufbruch auf der letzten Meile: Neue Wege für die städtische Logistik, Düsseldorf, S.9-17

Pwc (2015): Share Economy: Repräsentative Bevölkerungsbefragung, Frankfurt, S.2-7

Swoboda, B.; Foscht, T.; Schramm-Klein, H. (2019): Handelsmanagement: Ofline-, Online- und Omnichannel-Handel, München, Franz Vahlen Verlag, 4.Auflage, S. 614-714

Tripp, C. (2019): Distributions- und Handelslogistik: Netzwerke und Strategien der Omnichannel-Distribution im Handel, Wiesbaden, Springer, S.16-262

Umundum, P. (2015): Paradigmenwechsel auf der letzten Meile, in Voß, P. (Hrsg.), Logistik – eine Industrie, die (sich) bewegt, Wiesbaden, Springer, S.120

Wegner, K. (2019): Open Innovation für Logistikdienstleister; Kalogerakis, K.; Herstatt, C. :Globale Trends und die Konsequenzen für die Logistik der letzten Meile; Wegner, K.: Potenziale der Digitalisierung für die letzte Meile in der Logistik; Wildemann, H.: Der Einsatz von Elektromobilität zur Steigerung der Nachhaltigkeit in der Logistik, in Schröder, M.; Wegner, K. (Hrsg.), Logistik im Wandel der Zeit – Von der Produktionssteuerung zu vernetzten Supply Chains, Springer, Wiesbaden, S.285-729

ZF Friedrichshafen AG; EuroTransportMedia Verlags- und Veranstaltungs GmbH; Frauenhofer-Institut für Materialfluss und Logistik IML (2016): ZF-Zunkuftsstudie 2016: Die letzte Meile, S.28-51

Zentes, J.; Schramm-Klein, H. (2008): Neue Anforderungen an die Handelslogistik – Implikationen aus Theorie und Praxis mit besonderem Fokus auf Multi-Channel-Systeme des Handels , in Nyhuis, P. (Hrsg), Beiträge zu einer Theorie der Logistik, Springer, Heidelberg, S. 76, 409-426